탑프로와 함께하는
재미있는 골프

백병주 지음

탑프로와 함께하는
재미있는 골프

2019년 02월 26일 인쇄
2019년 03월 05일 발행

지은이 | 백 병 주
펴낸곳 | 레인보우북스
주 소 | 서울특별시 관악구 신림로 75 레인보우 B/D
전 화 | 02-2032-8800
팩 스 | 02-871-0935
이메일 | min8728151@rainbowbook.co.kr

정가 18,000원
ISBN 978-89-6206-451-3   93690

* 본서의 무단복제를 금하며,
  잘못된 책은 구입한 곳에서 교환해 드립니다.

목차

책 머리에   4

Chapter 01. 골프의 역사   7

Chapter 02. 18홀의 유래   13

Chapter 03. 골프의 에티켓 및 룰   19

Chapter 04. 클럽의 종류   39

Chapter 05. 클럽의 선택   45

Chapter 06. 골프의 코스   49

Chapter 07. 그립의 종류   57

Chapter 08. 진자의 원리   63

Chapter 09. 스윙(swing)   67

Chapter 10. 볼 포지션(ball position)   87

Chapter 11. 볼 플라이트(ball flight)의 원리   93

Chapter 12. 슬라이스, 훅, 미스샷의 클리닉   101

Chapter 13. 장타의 비결   109

Chapter 14. 퍼팅   123

Chapter 15. 트러블 샷   131

Chapter 16. 벙커샷(bunker)   141

Chapter 17. 치핑 샷(chipping)   147

Chapter 18. 피칭 샷(pitching)   153

Chapter 19. 골프의 경기방식   157

Chapter 20. 골프 영어   163

Chapter 21. 골프용어해설   177

책 머리에

한국 골프가 갈수록 국제무대에서 두각을 나타내고 있다. 프레지던츠 컵은 5억 명이 시청하는 2년마다 열리는 국제적인 대회로서, 미국 대표 선수와 세계 연합팀 각 12명이 벌이는 이벤트 대회로 이 대회에 한국 선수가 포함되어 한국에서 개최되었을 뿐만 아니라 박인비 선수가 올림픽 대회에서 우승한 것을 보면 한국의 골프 위상이 얼마나 높아졌는지 알 수가 있다.

그렇다면 이 이유는 무엇인가? 여러 가지가 있겠지만 한국 선수들이 체격은 조금 작지만 많은 운동량과 함께 외국 선수들보다 더 정교한 스윙을 구사한다는 것이다. 우승을 위해서는 좋은 스윙을 갖고 있어야 하는데 비교적 정상급에 있는 선수들은 볼을 정확하게 멀리 보낸다.

"Far and Sure" 문구는 500여 년 전 스코틀랜드와 영국 귀족 들 간에 골프의 발상지에 대하여 다투다가 2인 1조 내기 골프로 승패를 가리자고 합의한 후 스코틀랜드 왕자 요크공 팀이 승리를 하자 같은 팀인 제화공인 베터슨 한 테 그 공으로 손수 상금과 상패를 하사했는데 그 상패에 가문의 문장과 함께 문구가 새겨져 있었고 그 문구가 바로 "Far and Sure"였고 그 뒤 이문구는 수 세기가 지나 지금까지 골프의 고전으로 전해지고 있다. 이 문구대로 볼을 멀리 정확하게 보내기 위해 신소재의 클럽 개발과 좋은 스윙의 연구결과로서 불과 20여 년 전에 PGA 탑 텐의 드라이버 평균 비거리가 270야드였던 것이 최근에는 약 300야드로 늘어나 이제는 거꾸로 드라이버 샤프트 길이나 헤드의 질량 크기 및 반발계수, 숏 아이언의 스핀량 등에 제한을 두어 오직 선수들의 기량에 더 초

탑프로와 함께하는 **재미있는 골프**

점을 맞추게 하고 있다.

  따라서 본인은 1982년 처음 골프채를 잡은 지 30여 년의 세월과 학생들을 가르친 경험으로 쓴 첫 저서 재미있는 골프 책과 함께 세계 유명 프로들의 스윙, 베스트셀러 골프 책들, 톱 티칭 프로 레슨 기록, 골프잡지, PGA 교본 등을 통계 처리한 과학적인 방법으로 더욱더 심층 분석 발전시켜 타이틀을 "탑프로와 함께하는 재미있는 골프"로 하여 책으로 출간하였다.

  더 나은 골프를 위해서는 무엇보다 스윙이 중요한데 여기에서는 기존 책에서 볼 수 있는 스윙 단계와는 다르게 구분 단계 동작으로 구분하여 쉽게 8단계 스윙으로 분석하여 이해하기 쉽게 하였을 뿐만 아니라 골프를 취미로 좋아하는 분들과 선수들을 위해서 골프 및 18홀의 역사 골프의 에티켓 및 룰, 골프의 용어, 클럽의 종류, 클럽의 선택, 골프의 코스, 그립의 종류, 진자의 원리, 스윙, 볼 플라이트의 원리, 슬라이스와 훅의 클리닉, 장타의 비결, 퍼팅, 트러블샷, 벙커샷, 치핑 샷, 피칭 샷, 골프의 경기방식, 골프영어, 새로운 골프 룰 및 용어 해설 등을 초보자로부터 고급자까지 쉽게 이용할 수 있도록 설명하였다.

2019년 1월
연구실에서 저자

탑프로와 함께하는
재미있는 골프

Chapter 01.

골프의 역사

탑프로와 함께하는
재미있는 골프

Chapter 01.
골프의 역사

　요사이 골프가 아시안게임, 올림픽 대회뿐 만 아니라 PGA, LPGA 등 수시로 경기가 개최되어 인기 있는 스포츠로 스포츠로 자리매김 하면서 많은 골프인구가 늘고 있으며 직접 필드에서 라운딩을 하지 않아도 스크린 골프를 이용하는 서민적인 골퍼도 늘어나 골프 산업 갈수록 발달하고 있는 실정이다. 그렇다면 골프란 무엇인가? Winston Churchill 은 골프의 정의를 "목적을 위해서 각기 까다롭게 디자인된 기구로 작은 홀 안에 아주 작은 볼을 치는 것"이라고 하였다. 다시 말하면 골프란 출발선의 티 그라운드에서 정해진 용구로 작은 볼을 쳐서 도착점의 홀까지 집어넣는 것으로 작은 타수를 친자가 승리하는 경기라고 할 수 있다. 600여 년의 골프의 역사는 깊지만 그것에 대한 기원은 여러 가지 설이 있어 이에 따라 각기 나라마다 살펴보기로 한다.

1593 - John Henrie and Pat Rogie jailed in Edinburgh for playing "gowff" (note the spelling!) on the links of Leith every Sabbath the time of the sermonises (i.e when they should have been at church).

출처 http://www.timewarpgolf.com/index.php?main_page=page&id=9

먼저 스코틀랜드의 양치기 소년들이 양떼를 돌보면서 스틱으로 돌을 토끼 굴에 쳐서 넣으며 즐겼다는 스코틀랜드 설이다. 이에 뒷받침되는 것으로 골프(golf)란 스코틀랜드의 오래된 언어로 치다인 gouft가 그 어원이며 북방쪽 해안에 links 라고 불리는 언둘레이션이 많은 초원과 양떼 등이 풀을 뜯어먹고 다니던 길을 fair way 라고 불렀고 좀 더 평탄한 길을 green이라고 불렀다.

이와 다르게 유럽 사람들은 자신들이 창시자라고 주장하고 있다. 말로서 전해져 내려오는 것에 의하면 독일의 "Kolb"가 골프의 기원이라고 하나 어떤 역사학자들은 그것은 고대 로마 때부터 이미 존재했었다고 한다. 로마 제국시대 때는 구부러진 막대기에 깃털이 찬 가죽 볼을 친 경기를 "Paganica" 경기라고 하였으며, 유럽 사람들이 로마를 침략하는 동안 이 기술을 습득한 후 본국으로 돌아가 이 경기는 나중에 네덜란드, 벨기에, 프랑스 등으로 전하여졌다.

네덜란드에서도 골프와 비슷한 경기가 있었는데 이것은 "Kolf" 혹은 "Kolven"으로 불렸다. 이 경기는 이름과는 달리 골프경기와는 차이가 있었다. "Kolven"의 폭은 약 20피트(6m)이고 길이가 약 60피트(18m)인 실내에서 치러지는 실내경기이다. 또한 바닥은 모래와 찰흙과 송진 등을 섞어서 평평하게 만들었다. 그리고 가장 자리에는 바닥에서부터 2피트(60cm)높이로 벽을 쌓아서 볼이 정확하게 바운드 되어 나오도록 벽을 쌓았다. 그리고 경기장 양쪽의 기둥을 세워놓고 막대기로 가죽 볼을 쳐서 기둥을 맞추는 경기로 종종 "Kolven"은 빙판에서 치러지기도 했다. 따라서 이 경기는 골프 보단 하키나 아이스하키와 더욱더 유사하다고 본다.

프랑스에서는 "Paganica"와 비슷한 경기로써 "Jeu-de-mail"이라는 경기가 있었는데 이것은 망치처럼 생긴 목재 방망이와 나무로 만든 볼을 쳐서 땅위에 타깃을 만들어 놓고 최소한의 타수로 쳐서 정해진 곳에 도달하는 사람이 우승하는 경기였다.

벨기에에서는 "Jeu-de-mail"의 이것을 변형된 경기로써 "Chole"가 있었는데 이것은 현대의 골프경기와 같이 출발지점과 목표지점을 정해놓고 나무로 된 손잡이와 쇠로 된 헤드를 사용하였으며, 밤나무나 가죽으로 만든 계란모양의 볼을 쳐서 양 팀이 서로 정해진 코스를 돌면서하는 크로스컨트리 방식의 경기였다. 이때의 시대는 14.C 중반이었다.

"Pellmell"은 "Jeu-de-mail"과 비슷한 경기로써 프랑스로부터 스코틀랜드와 영국으로 소개되었다. 영국에서는 "Pellmall"로 불리었고 골프코스로도 이 용어가 사용되었으며 지금은 그 자리가 번화가가 되었지만 아직도 그 이름은 존재하고 있다.

영국에서는 Edward 3세 이전에 "Cambuca"라는 경기가 있었는데 구부러진 클럽으로 깃털로 된 볼을 쳐서 핀으로 보내는 경기로써 하키와 비슷했다. 이 경기는 매우 인기가 좋았으나 궁술 훈련에 지장을 많이 준다는 이유로 금지하였다. 이때의 시기는 1363년이었다.

중국에서는 골프를 츠이완 이라 불렀는데 943년에 간행된 사서에 이에 대한 사실이 쓰여 있고 원나라 때 그려진 추환도 벽화와 명대의 선종행락도에도 골프 형태의 경기가 나타나있는데 건장한 체구의 왕이 양손에 클럽을 쥔 채 전방을 응시하고 있는 그림이다. 이 연대기로 보아 중국이 서양보다 훨씬 앞섰다고 주장한다.

위에서처럼 나라마다 서로 골프의 원조라고 주장하나 어디가 골프 원조인가에 대한 기록은 없으며 독일이나 영국, 네덜란드, 스코틀랜드 등의 많은 나라가 골프와 비슷하게 스틱과 볼을 만들어서 경기를 하였지만 스코틀랜드에서 처음으로 스틱과 볼 뿐만 아니라 홀까지 만들어 그 속에 볼을 넣는 경기를 함으로써 아마도 스코틀랜드가 골프의 원조가 아닐까 생각된다. 또한 그 증거로써 세계적으로 가장 오래된 St. Andrews의 골프코스가 있어 그 증거를 뒷받침해준다.

출처 https://www.sportobzor.ru/pamyatnye-daty-istoriya-sporta/golf-istoriya-igry.html

우리나라에서는 골프 유래에 대한 자료는 전혀 남아있지 않으며 "한국 최초의 골프코스는 영국인에 의하여 원산 세관 구내에서 시작되었다."고 1940년 11월 일본에서 발행된 「조선 골프 소사」에서 저자인 다카하다 가 기술하였다. 1897년 원산 해변에 6홀 규모의 코스가 있었고 1921년에 서울 효창 공원에 미국인 댄드 의 설계로 경성 골프 구락부를 개장하여 20여 년 동안 운영하였다. 지금은 축구장이 들어서고 김구 선생의 묘가 자리 잡고 있지만 그 당시엔 수풀이 우거지고 계곡에선 물이 폭포수처럼 흘렀다. 그 뒤엔 효창원이 도시계획에 따라 공원으로 폐장(1924)되면서 정규 18홀 청량리 코스가 같은 해 착공하여 이곳에서 최초로 제1회 조선 선수권 경기가 열렸으며 같은 해 7월 원산 송도원 골프장에 이어 8월 대구 비파산에 9홀의 대구 골프장이 개장되었다. 그 뒤 골프 열기가 일고 챔피언 코스를 만들자는 여론으로 1929년에 멀리 바라다 보이는 북한산과 수락산의

아름다운 풍경을 배경으로 군자리 골프장이 개장되었지만 대중들에게는 잘 알려지지 않았다. 그리고 2차 세계대전으로 인하여 1943년에 휴장되었다가 1950년에 다시 개장되었으나 6.25로 인하여 또다시 폐쇄되었다. 휴전 후인 1954년 7월에 제법 큰 골프 코스로 복구되면서 한국의 골프는 본궤도에 올랐으나 골프장 이용자는 권력층이나 부유층에 국한되었다.

1687년에 Thomas Kincaid의 일기장에서 기록에 남긴 골프경기의 모습은 지금과 유사하였으며 클럽은 나무로 만들고 볼은 동그란 가죽 주머니에 거위 깃털을 채워서 사용하였지만 그 뒤 클럽이나 용품도 크나큰 발전을 하게 되었다. 1848년에는 열대성 나무에서 채취한 물질로서 만든 고무질의 탄력성 있는 볼을 개발하여 거리를 늘렸으나 너무 딱딱하며 볼이 클럽 헤드에 맞을 때 충격을 줄이기 위해 나무 헤드 속에 가죽을 넣고 그립에는 가죽을 입혔다. 따라서 그립을 잡을 때는 그립(grip)이 미끄러워 엄지손가락이 밖으로 나가는 베이스볼 그립(baseball grip, 야구할 때 방망이를 잡는 방법)을 이용하였다. 그러나 손과 손 사이가 떨어져 일체감이 없다는 결점이 있어 골프 선수인 Harry Vardon이 Baseball grip에다 오른손 새끼손가락을 왼손 엄지손가락 관절 위에 걸어서 잡는 Vardon grip(overlapping grip이라고도 부름)을 개발하여 여러 프로들이 이용을 하였으며 1887년에는 손가락 사이가 1인치 벌어질 때 비거리는 9m가 늘어난다는 논문이 발표되었다. 그 뒤 1902년에는 고무를 볼 안에 넣고 만든 Haskell ball을 개발하고 바람이 불 때, 물에 빠질 때 등을 고려하여 무거운 볼, 큰 볼, 가벼운 볼 등을 만들었으나 1921년에는 지름 42.67mm 무게 최대 45.93g으로 볼의 규격을 제한하였다.

클럽은 그동안 나무로 된 채(shaft)를 사용하였는데 채마다 제각기 torgue를 달리하여 특성을 갖게 하여 특정한 거리가 나게 하였다. 또한 헤드가 메탈로 된 드라이버(metal-headed driver)를 개발하고 1912년에는 철로 된 채(steel Shafts)를 생산하였다. 이에 따라 개인이 수공으로 채를 만드는 것에서 공장에서 만들어 많은 사람들이 일자리를 잃게 되었다.

1930년에는 뉘어지는 각도가 크고 밑에 닿아도 바운스가 잘 되는 Sand Wedge가 개발되어 Short game에 큰 변화를 주게 되었고 2차 대전 후 T.V.가 보급된 이래 골프경기가 중계되어 인기가 더욱 높아졌으며 벤 호건, 아놀드 파마, 잭 니클라우스 등 유명한 선수가 골프의 수준을 한 단계 더 높이고 최근에는 64°등의 60°대의 띄우는 로브웨지(lob wedge)가 나와 볼을 구르지 않게 공중에서 직선으로 떨어지게 하며 볼을 세울 수 있고 아이언과 우드를 합친 유틸리티나 하이브리드 클럽 등이 많이 나오고 있다. 또한 클럽헤드에 구질을 조절하고 샤프트를 용이하게 바꿔 끼울 수 있는 클럽이 계속 고안되어 볼의 비행거리가 PGA 평균 300야드를 넘는 수준으로 크게 늘어나 클럽헤드를 460g 이내 샤프트 길이는 48인치, 티는 4인치로 제한하고 골프장도 판도가 긴 골프장과 퍼터하기 쉽지 않은 그린을 만들게 되었다.

탑프로와 함께하는
재미있는 골프

Chapter 02.

18홀의 유래

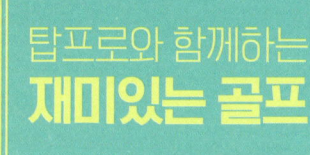

Chapter 02.

18홀의 유래

　왜 골프코스는 18홀일까? 혹시 특별한 의미가 있는 건 아닐까 하고 의문을 갖는 사람들이 많다. 우스개 소리로 술 좋아하는 골프 설계사가 한 홀 한 홀 술을 마시면서 홀 부지를 답사하다가 18홀 때 술이 떨어져 거기까지 했다는 것과, 또 하나는 골프장 홀을 몇 홀로 할 것인가를 결정해야 하는 위원들이 임무를 맡고 라운딩을 하던 중 추운 날씨 때문에 위스키를 마시며 돌다가 18홀 때 술이 떨어져 18홀까지로 확정했다는 농담 같은 설도 있다. 18홀 코스 유래로 역사적 문헌을 보면 대게 여러 가지 설이 있는데 18홀로 라운딩을 했다는 연도 수로 보면 세인트 앤드 류스 코스가 윔불던 CC보다 앞서서 18홀 시초가 아닐까 생각하며 반면에 윔불던 CC는 아웃코스, 인코스의 효시가 아닐까 하고 생각한다.

1. 스코틀랜드 세인트 앤드루스 코스 유래설

　먼저 18홀의 시초가 되는 골프장으로서 19세기 말의 골프코스는 자연 그대로의 환경 여하에 따라 코스를 만들어 홀을 정했기 때문에 골프장마다 홀수가 달랐다. 제1회 영국오픈이 개최된 스코

출처 https://www.dailymail.co.uk/news/article-2589452/
We-open-doors-women-says-Royal-Ancient-Golfs-
governing-body-tells-male-members-St-Andrews-
accept-change-inevitable.html

틀랜드의 프레스트 위크 골프클럽은 12개 홀, 새인트 앤드 루스 코스는 11개 홀이나 스타트 지점이 하나의 홀이 또 있어 12개 홀, 노스베워 위크 코스는 7개 홀, 몬듄즈 코스는 15개 홀, 매설 버러 코스는 9홀이었다. 이 당시 처음의 골프 룰(1744년)인 13개조 중 첫 번째 항은 "홀로부터 클럽의 길이보다 짧은 곳에서 티를 행하지 않으면 안 된다"였으므로 세인트 앤드 루스 코스는 1번 홀에 티업 장소가 최종 홀 바로 옆이었다. 즉 코스는 1번 홀부터 11번 홀까지 총 11개여서 1번부터 11번까지 돌고 난후 거꾸로 다시 같은 코스를 돌아오는데 11번 코스는 다시 12번 홀로 10번 홀은 13번 홀로 돌았던 코스를 다시 거꾸로 1번 홀까지 왔을 때 22홀 째인데 22번째 홀은 곧 1번과 같은 홀이므로 1번 티샷 할 때는 코스 끝에 홀이 있었고 거꾸로 22번째로 왔을 때는 홀이 티샷 옆에 있었기에 결과적으로 1번 코스는 홀이 티샷 옆에 하나, 코스 끝 에 하나 총2개가 되어 코스는 11개이나 홀은 12개였던 것이다. 따라서 11개 코스를 갔다가 다시 왔을 때는 총 22개 홀의 경기를 했다.

22홀에서 18홀로 줄어든 것도 2가지 이유가 있다. 하나는 1764년 골프장 부지가 시 소유로 되어 있는데 도시 계획상 4홀 규모의 넓이를 수용한다고 하여 코스를 정리 인 아웃코스 각각 9홀씩 18홀로 정했다고 하였고 다른 하나는 같은 해 경기에서 윌리엄 세인트클레어란 사람이 당시에 121타의 놀랄만한 성적을 거두자 1764년 R&A 회원들은 회의에서 코스가 너무 짧다고 지적하여 1번과 2번을 1홀로 3번과 4번을 하나로 합쳐서 9홀 인 아웃 18홀로 만들었다는 것이다. 사견으로 볼 때 아마 2가지가 동시에 이뤄지지 않았나 싶다. 그 후 다른 클럽들도 18홀이 적당하다는 원리에 동감하여 공론으로 기울자 1858년 R&A는 "한 라운드의 링크스, 즉 18홀이 하나의 매치를 구성한다"라는 새로운 규칙으로 정해 정착하게 되었다는 유래이다.

그 후 1872년부터 오픈의 개최 코스는 12홀의 프레스트 워크코스(프레스트위크 클럽), 18홀의 세인트앤드루스코스(로열 앤드 에이션트 세인트앤드루스 클럽), 9홀의 메설버러코스(오너라블 컴퍼니 오브에든버러 골퍼즈)에서 치러졌는데 프레스트위크에서 오픈을 할 때는 3라운드 로얄 앤드 에이션트에서는 2라운드 오너라블 컴퍼니에서는 4라운드의 플레이를 하여 어느 클럽에서 대회를 하든 36홀의 홀수는 같도록 정하였던 것이다. 그 뒤 1850년경 값싸고 오래가는 볼의 발명으로 인기를 더하며 1900년에는 스코틀랜드에 300개가 넘는 골프장이 생겨났으며 세인트앤드루스 코스가 아름답고 자연을 이용한 코스로서는 적격이어서 다른 골프장의 대부분 코스는 이 홀수를 따라 18홀로 하였다. 현재의 세인트 앤두 루스 코스가 18홀 가운데 오직 1,9,17,18번 홀만이 단독의 그린이 있고 나머지는 하나의 그린에 인코스$^{(in)}$, 아웃코스$^{(out)}$ 두 개의 홀을 공유하게 되어 있는 것도 과거의 자취가 남아있기 때문이다.

2. 런던의 로열 윔블던 CC 유래설

먼저 아웃코스, 인코스라는 이름을 사용한 골프장으로서 로열 윔불던 컨트리클럽은 1865년 오픈 당시 7홀뿐이었으나 인구의 증가로 인해 살계자인 톰 댄이 1870년 기존의 7홀을 전반 10홀과 후반 9홀로 확장했다. 먼저 10홀을 치고 클럽하우스에 도착해 휴식을 취하고 나머지 9홀을 끝낸 후 다시 클럽하우스에 돌아오는 지금과 같은 방식이었다. 회원들은 홀 배치에 만족해하였으나 계산에 불편을 느끼기 시작했다. 예로 40타로 돌았다 하면 전반 10홀인가, 후반 9홀인가 하고 다시 묻게 되어 불만이 대두되자 골프장 쪽은 9홀을 한 홀 늘려 총 20홀로 증설하려 했으나 부지 확보가 여의치 않아서 아예 10홀 쪽을 한 홀 줄여 18홀로 만든 것이 18홀의 효시라고 하는 설이 있다. 이렇게 되자 전반 9홀 코스는 클럽하우스에서 나간다는 의미로 아웃코스$^{(Out\ Course)}$, 후반코스는 다시 클럽하우스로 돌아온다고 하여 인코스$^{(In\ Course)}$로 불리게 되었다.

탑프로와 함께하는
재미있는 골프

Chapter 03.

골프의 에티켓 및 룰

탑프로와 함께하는
재미있는 골프

Chapter 03.
골프의 에티켓 및 룰

    1608년 영국 런던의 블랙힐스 클럽에 골프회가 조직되고 1744년 스코틀랜드의 세인트 앤드 루스 의 시내에 사는 몇몇 신사가 실버컵 경기를 위한 골프모임을 가졌는데 그때까지 정해진 규칙이 전무하여 룰의 필요성을 느껴 이에 리스 젠틀맨 골프회(The Gentle-men Golfers of Leith)가 골프규칙 13조항을 제정 한 것이 최초 문서화된 골프규칙이다. 그 13개 중의 몇 개가 티업은 땅 위에 해야 한다, 홀컵에서 가장 멀리 있는 사람부터 먼저 플레이를 이어나가야 한다, 볼이 사람, 말, 개나 혹은 어떤 것에 부딪쳐 멈춘 경우 그 장소에서 플레이해야 한다 등이다. 그 뒤 1754년 스코틀랜드의 세인트 앤드류 클럽(The Society of St. Andrews)이 이 13조항 규칙을 약간 수정하여 발전시키며 1897년 세인트 앤드루즈 의 로얄 에이션트 클럽(Royal & Ancient)이 규칙위원회를 구성하여 골프 규칙을 제정 공포하였다.

  한편 골프는 세기 후반에 영국에서 미국으로 전파되어 1894년 미국골프협회(USGA)가 창립되고 1901년엔 미국으로 이주한 영국 골퍼들에 의해 미국프로골프협회(US PGA)를 만들었으며 1958년엔 뉴욕에 세계 골프연맹(WAGC)이 창립되었다. 현재 골프규칙은 영국골프협회 와 미국골프협회가 공동으로 전 세계 골퍼들의 의견을 모아 4년마다 룰을 개정하여 아마추어 및 프로골퍼들에게 적용하여 이를 토대로 골프경기를 개최하고 있다. 2019년도에는 타인을 배려하고 진실되게 행동하며 코스를 보호하면서 플레이를 하는 3대 기본 정신으로 본인의 양심을 믿고 볼이 있는 그대로 최대한 간소한 방향으로 개정 한 게 핵심이다. 따라서 여기에서 일반 보편적인 것과 골퍼들이 갖추어 야 할 간단한 에티켓 및 변화된 룰 에 대하여 알아본다.

1) 티$^{(tee)}$: 볼을 땅에서 높이 올려놓기 위하여 고안된 장치. 초창기에는 티업 할 때 주변 모래나 흙을 쌓아 그 위에 볼을 올려놓고 티샷을 했기에 손이 더러워지고 모래통까지 준비해야 되자 문제점을 없애기 위해 1920년에 치과의사인 윌리엄 로웰이 못 모양과 과 같은 Pegtee를 만든 게 시초이다.

2) 티업$^{(tee\ up)}$: 공을 티에 올려놓는 것

3) 티오프$^{(tee\ off)}$: 티에서 공을 치는 일. 경기에서 티오프 타임 때 정해진 시간을 초과하여 5분 이내에 오면 매치에서는 1홀 패, 스트로크 플레이에서는 2벌타 로하며. 그렇지 않은 경우 규칙위반의 벌은 경기실격 이다.

4) 예전엔 샷 하기전 캐디가 방향을 도와주고 비켜섰으나 2019년 개정으로 지금은 할 수 가없으며 캐디가 도움 없이 그냥 서 있을 때 직선방향$^{(캐디와\ 깃발)}$이 아니면 괜찮다.

5) 팅 그라운드$^{(Teeing\ ground)}$: 2019년부터 티잉 구역으로 명칭이 바뀌었으며 티샷 후 볼이 티잉 구역으로 들어 왔을 때 예전엔 다음 타수로 계산하며 그대로 플레이 했으나 지금은 무 벌타로 다시 혹은 옮겨서도 칠 수 있다. 이곳은 플레이할 홀의 출발장소로서 양쪽에 2개의 티 마커가 정해진 마크에서 뒤쪽으로 2클럽 길이안의 직사각형으로 된 구역. 여기에서는 볼을 치는 플레이어 외에는 들어가면 안 되며, 칠 준비를 하는 동안 시야를 막는 곳이나 주위에서 떠들면 안 된다.

6) 핀$^{(pin)}$: 홀을 표시하기 위해 홀에 꼽혀지는 대. 19세기 중반까지는 1m정도 되는 막대기였으나 1877년 세인트 앤드루스의 그린키퍼인 톰 모리스가 클럽 대청소후 나왔던 주인 없는 옷가지 들을 조각내서 나무막대기에 깃발처럼 매달은 게 최초였다. 그 후 가느다란 버들가지로 길쭉하게 엮어 만든 위커 배스킷$^{(wicker\ basket)}$에 다양한 색깔

까지 칠해서 매달았는데 이 모양이 멀리서 보면 부인들이 모자를 고정 시키기 위한 헤어핀과 흡사하다 하여 헤어핀이라 부르다가 나중에 핀으로 호칭되었다.

7) 홀(hole) : 그린 위에 만들어진 볼을 넣기 위한 곳. 초창기에 그린은 페어웨이 끝에 붙어있는 종착지에 불과하여 적당한 길이로 낫으로 잔디를 짧게 깎은 평평한 곳이었는데 그 그린 안에 적당히 구멍을 파 놓은 구멍이 홀이었고 1868년에 직경은 4.25인치(108mm), 깊이는 4인치(101.6mm)로 지금의 크기대로 정해졌다.

8) 그랜드 슬램(grand slam) : 4대 메이저 대회를 한 해 동안에 모두 석권하는 것을 말한다. 원래 이말은 카드놀이 브릿지 게임에서 13장 전부를 따는 압도적인 승리에서 유래되었다. 남자의 경우 마스터즈 골프대회(4월), 디 오픈(7월), US 오픈골프선수권대회(6월), PGA 챔피언쉽(8월), 등이 있다. 지금까지 한해에 모두 석권한 선수는 없지만 여러 해에 걸쳐 4대 메이저대회를 모두 재패한 선수는 여럿이 있다. 진 사라센(1935년), 벤 호건(1953년), 게리 플레이어(1965년), 잭 니클라우스(1966년), 타이거 우즈(2000년)등이다. 미 PGA 선수권(1916), 마스터스(1934) 가 메이저 로 발족되기 전까지는 영·미 오픈과 영·미 아마추어를 4대 내셔널 챔피언십으로 평가하고 있어서 한해에 이 4개 대회를 모두 석권한 보비존스를(1902-1971) 그랜드 슬래머 라고 하는 이도 있다. 여자 메이저대회는, ANA 인스퍼레이션(구 그래프트 나비스코 챔피언쉽. 3월), PMG 위민스 PGA 챔피언쉽(구 PGA 챔피언쉽. 6월), US여자오픈(7월), 리코 위민스 브리티시 오픈(7-8월), 에비앙 챔피언쉽(9월) 등이 있다. 그러나 에비앙 챔피언십이 2013년에 메이저 대회로 격상함에 따라 5개 메이저를 석권해야 그랜드 슬램으로 인정해야 한다고 하기도 하는데 박인비 선수는 5개 종목에서 우승하였으나 에비앙은 메이저 대회로 격상하기 전에 우승하였다 하여 인정한다, 안한다로 설왕설래 하지만, 2016년 리우데 자네이루 올림픽대회에서도 우승을 하여 명실상부 유일하게 골든 슬램을 달성 했다. 우리나라는 남자는 GS 매경오픈, SK 텔레콤오픈, 하나코롱한국오픈, 신한동해 오픈이고 여자는, 한국여자오픈골프 선수권, 하이트 진로 챔피언 십, KLPGA 챔피언 십, KB 금융 스타 챔피언 쉽 등이다. 매이저 대회를 한해 이상에 걸쳐 우승할 때는 커리어 그랜드 슬램(Career Grand Slam)이라 한다.

9) 멀리건^(Mulligan) : 첫 타를 잘못하여 실수를 했을 때 무벌 타로서 다시 치는 샷. 재미있는 멀리건 유래로 여러 가지 설이 있는데, 옛날 스코틀랜드에 멀리건 씨를 포함한 골프를 좋아하는 4명의 짝이 있었는데 4명이 나가야 플레이가 되는 토요일에 부킹이 되었는데 갑자기 멀리간 씨가 나오지 못해 골프를 못 치게 되자 친구들은 치고 싶은 욕심에 그냥 그의 이름을 써서 제출하고 진행계에서 그의 이름이 불리어 졌을 때 이미 티샷을 한 그의 친구가 대신 쳐서 한 번 더 티샷을 했다는 설이고, 또한 어느 귀족 멀리간이라는 사람이 자주 마음대로 볼을 치자 이를 일반 골퍼들도 따라 한 데서 유래 되었다는 설로 영어로는 Maul it again^(다시 한 번 쳐라)인데 이것의 발음을 빨리하면 '멀 잇 어개인'의 멀리건이 된다는 설이고 마지막으론 멀리건이 친구들을 차로 데려다 주어 수고를 한 대가로 실수할 때 한 번 더 치게 했다는 설로 멀리건이 되었다는 설이다.

10) 호어^(Fore) : Beware before뜻 즉 전방을 조심하시오의 끝부분 fore를 약음화한 것으로 골프 볼이 골퍼들에게 날아갈 때 큰 고함을 질러 위험을 알리는 경고성 외침. 우리나라에서는 보통 '뽈' 하고 외친다.

11) 오너^(honer) : 처음 출발 홀은 제비뽑기 등으로 결정하고 다음 홀부터는 스코어가 좋은 순서로 티샷을 해야 한다. 그러나 제2타부터 홀 아웃 할 때까지는 홀에서 멀리 떨어진 순으로 플레이를 한다. 다만 플레이 진행상 필요하다고 판단 될 때에는 타순을 바꿔 플레이를 해도 된다. 오너^(honor)인 플레이어는 상대방 또는 동반 경기자가 볼을 티업하기 전에 플레이하는 권리가 인정된다. 플레이어가 볼에 어드레스 하거나 볼을 치고 있는 동안은 누구도 움직이거나 말을 하거나, 볼 또는 홀의 근처나 바로 뒤에 서 있어서는 안 된다.

12) 와이어투 와이어 승리^(Wire-to-wire victory) 지금으로부터 수 십 년 전에 미국에서 전화가 거의 없었던 시절에 선수가 최고의 성적을 내면 가족에게 하루하루 끝나는 시합 결과를 계속 전보로 쳐서 알렸는데 이에 기인해서 첫날부터 마지막 까지 계속 최고로 치면 자동 우승이 되기 때문에 여기에서 나온 골프용어.

13) 볼 세우기$^{(Sit)}$ TV 중계를 볼때 종종 그린에서 볼을 세울 때 선수들이 외치는 소리로 싯$^{(sit)}$ 혹은 싯다운$^{(sit\ down)}$ 하는 것으로 바로 움직이지 말고 앉아 라는 의미인데 settle, settle down, stop, stay, slow down, bite 등으로도 쓰인다.

14) 그린에서 홀 아웃을 할 때는 볼이 그린 밖의 엣지나 페어웨이에 있더라도 그린위에 있는 볼보다 더 가까우면 먼저 홀 아웃 한다.

15) 연습 스윙은 1~2번만 해서 본인 때문에 플레이가 지연되지 않게 한다.

16) 자신의 볼에 표시를 하여서 항상 자신의 볼이라는 사실을 알 수 있도록 하여 서로 혼동이 없게 한다.

17) 샷 을 위한 연습 스윙을 할 때는 전, 후, 좌, 우에 사람이 없는 지를 확인하여야 하며, 스윙 중 돌이나 나무, 나뭇가지 등이 클럽에 맞아서 날아가 다칠 위험이 없는지도 확인하여야 한다.

18) 티잉 지역을 포함해 볼을 칠 때는 자신의 최대 비거리 보다 더 앞 조가 나간 후 에 샷을 한다. 다른 사람들이 있는 곳으로 기대 이상 볼이 날아가면 곧 큰소리로 포어$^{(Fore)}$라고 소리를 질러 위험을 알린다.

19) 샷$^{(shot)}$을 한 후에는 플레이 하는데 지장을 주지 않도록 빠른 걸음으로 이동해야 한다.

20) 골프장의 자연을 훼손시키면 안 된다. 나뭇가지를 부러트리거나 꽃을 꺾는 행위를 하면 안 된다.

21) 라운드$^{(round)}$ 중 크게 떠들거나 뛰는 행동은 삼가 해야 한다.

22) 본인의 라운드 보다 짧은 라운드를 하는 조는 1라운드 전부를 플레이하는 조를 패스시켜야 한다.

23) 플레이어가 앞 조에 1홀 이상 비어있을 때는 뒷조를 패스시킨다.

24) 골프카트(cart)의 운행을 규제하는 주의 사항을 준수하여야 한다.

25) 티잉 구역이나 페어웨이 등 코스에 상처를 내는 연습 스윙은 하지 않는다. 특히 디보트(Divot) 등으로 코스에 상처를 입히는 연습 스윙은 하지 않는다.

26) 벙커샷(bunker shot)을 할 때, 반드시 턱이 낮은 쪽으로 들어가야 한다. 이것은 벙커의 가장자리를 손상하지 않게 하기 위한 에티켓 이다.

27) 플레이어는 벙커를 나오기 전에 자기가 만든 발자국을 모두 평탄하게 고쳐 놓아야 한다.

28) 러프나 숲에 볼이 들어갔을 경우에는 클럽을 항상 2~3개 정도를 가지고 가도록 해서 맞는 클럽을 위해 왔다가 갔다하는 시간을 줄인다.

29) 초보자의 경우 공을 쳤을 때 옆 홀로 공이 날아가는 수도 있다. 그럴 때는 반드시 공이 날아간다고 큰소리로 알려주어야 하며, 옆 홀의 샷이 다 끝나기를 기다렸다가 공을 찾아와야 한다.

30) 만약 어떤 경우라도 마커나 경기위원의 허락을 받지 않고 공을 터치했을 경우에는 벌점 1타가 추가된다.

31) 코스 내에 흡연을 삼가 한다.

32) 골프 카트는 그린의 전방이 아닌 플레이하고 있는 그린과 출구 사이에 주차하여 플레이하는데 지장이 없게 한다.

33) 퍼터를 하기 위해서 핀을 빼면 반드시 깃대는 퍼팅 라인 밖이나 그린밖에 놓아야 한다. 만약 그린에서 퍼트한 볼이 깃대에 맞았을 경우 2 벌타에 페널티가 부과되기 때문이다. 그러나 2019년에 개정된 룰은 깃대가 꽂여 있는 상태에서 퍼트를 해도 무방하고 벌타가 없으며 볼이 깃대에 기대어 있을 때 깃대를 뺄 때 볼이 들어가

면 홀인으로 하였으나 지금은 그 볼이 일부라도 홀 안에 기대어 있으면 들어간 것으로 함.

34) 그린 위에서 볼을 마크할 때는 작은 동전이나 볼 마커를 볼의 뒤에 놓은 다음에 볼을 집어 들어야 한다.

35) 상대방의 볼이 자신의 퍼팅 라인에 있으므로 마크해 달라고 하면 그 주위에 나무 등 기준점을 두고 다시 원위치 시킬 수 있도록 퍼터 헤드만큼 비켜서 마크한다.

36) 그린 위로는 골프백을 메고 들어가지 말아야 한다.

37) 그린 위에서는 상대방 퍼팅 라인을 밟지 말아야 한다.

38) 그린에서는 클럽을 떨어뜨리지 말아야 한다.

39) 볼 마크(ball mark)(퍼팅 그린 위의 볼이 낙하로 인하여 파인 곳) 및 스파이크에 의한 손상의 수리에서 플레이어는 스루 더 그린에서 뜯겨진 잔디를 즉시 제자리에 놓고 밟아 놓아야 하며 볼로 상처를 입힌 퍼팅 그린을 세심히 수리해야 한다. 한 조의 플레이어가 그 홀의 경기를 마친 후 골프 신발의 스파이크에 의한 그 퍼팅 그린 위의 손상은 수리해야 한다. 2019년에 개정된 룰은 스파이크 자국외 인공적인 손상도 수리 가능하고 캐디가 깃대나 클럽으로 플레이선를 기리킬 때 그린을 접촉해도 무방하다.

40) 플레이어는 백 또는 깃대를 놓을 때, 퍼팅 그린을 상하지 않도록 주의하며 플레이어나 캐디가 홀의 가까이에 설 때 또는 깃대를 빼거나 꽂을 때와 볼을 홀에서 집어 낼 때 홀이 상하지 않도록 조심하여야 한다. 깃대는 퍼팅 그린을 떠나기 전에 홀의 중심에 제대로 세워져야 한다. 플레이어는 특히 홀에서 볼을 집어 올릴 때 퍼트를 짚음으로서 퍼팅 그린을 상하게 하는 일이 있어서는 안 된다.

41) 지면 플레이가 많아 신속한 플레이를 위해 40초 이내로 스트로크 하도록 권장함.

42) 골프는 복장에도 신경을 써야 한다. 너무 노출이 심하거나 다른 플레이어들에게 눈총을 받는 복장은 삼가야 하고 라운드 후 들어 올 경우에는 스파이크를 깨끗이 털고 들어와야 한다.

43) 라운드가 종료되면 자신의 클럽 채 수를 확인하고 이상이 없으면 캐디 전표에 사인 한다.

44) OB(Out of Bounds) : 경기가 금지되어 있는 구역으로 하얀 말뚝이나 선으로 표시되어 있으며 이 지역으로 볼이 들어갔을 경우 1벌타 후 3타 째 원위치에서 다시 쳐야한다. 그러나 규정에는 없지만 국내에서는 신속한 플레이를 위해 볼이 OB 지역에 들어간 장소보다 훨씬 앞에 OB 특설티를 설치해 놓았는데 이곳에서 칠 때에는 4타째가 된다.

45) 잠정구(provisional ball) : OB 및 분실의 염려가 있을 경우에 잠정구를 치겠다는 의사를 표시한 후 친다. 그러나 볼을 찾거나 OB 지역에 있지 않으면 벌타 없이 원래의 볼을 친다.

46) 분실구(lost ball) : 볼을 찾기 시작하여 3분 이내에 볼을 찾지 못하면 분실구가 되며 이때에는 원래 친 위치로 다시 가서 1 벌타 를 먹고 다시 쳐야한다.

47) 수리지(ground under repair) : 위원회의 지시에 의해 수리지로 표시한 지역으로 볼이 들어갔을 경우에는 무벌타로 한 클럽이내에 드롭 한다.

48) 워터 해저드(water hazard) : 코스 안의 개울 연못, 늪, 고랑 등의 장애물이 있는 지역으로 이 구역에 볼이 들어가면 황색 말뚝이나 선으로 표시되며, 1벌타 후 원구를 친 곳 또는 볼이 들어간 지점이나 최후로 들어간 지점과 홀을 연결하는 워터 해저드 후방선상에 거리 제한 없이 드롭 한다.

49) 병행 워터 해저드(lateral water hazard) : 워터 해저드 또는 그 일부로서 적색 말뚝이나 선으로 표시된 수역으로서 볼이 해저드의 경계를 최후로 넘는 지점과 선상 후방에

볼을 드롭 하는 것이 불가능한 수역으로 벌타나 드롭방법은 워터 해저드와 같으며 추가로 볼이 최후로 넘은 지점 또는 반대편 경계의 지점으로부터 두 클럽 이내에서 드롭 한다.

50) 언 플레이 볼(unplay ball) : 플레이가 불가능한 경우나 어려울 때 본인이 선언하며 이 때에는 1벌타 후 원구를 친 곳에서 다시 치거나 공이 있던 지점에서 2클럽이내에서 드롭 할 수 있으며 공이 있던 지점과 홀을 연결하는 후방 선상에서 거리 제한 없이 드롭 할 수 있다.

51) 해저드 안에서 볼을 찾는 중에 움직이면 1벌타를 받았으나 개정 룰은 벌타가 없고 루스 임페디먼트는 제자리에 가져다 두지 않아도 된다. 그러나 치울 때 볼을 움직이면 1벌타를 부과한다.

52) 인공 장해물(artificial obstructions) : 카트도로, 담배꽁초, 깡통 등으로 움직일 수 있는 것과 움직일 수 없는 것이 있다. 이 때 기준은 무리하게 노력하지 않고 경기 지연 없이 움직일 수 있는 것은 움직일 수 있으며 움직일 수 없을 때는 벌 없이 구제가 되어 1클럽 이내에 드롭 할 수 있다.

53) 동반 경기자의 반칙 행위를 눈감아 주면 양측 모두가 실격이다.

54) 골프 클럽은 14개 이내로 휴대해야 한다. 골프채는 초창기에 제한이 없었다. 그러던 중 전영 아마 선수권 대회 때 미국 선수의 캐디가 티샷을 하려는데 그 선수의 골프백이 너무 무거워서 특별 요금을 주지 않으면 백을 맬 수 없다고 그의 캐디가 보이 코트 했다. 그 백 속에는 클럽 23개와 수십 개의 볼 잠바 등이 있었던 것. 결국 특별 요금을 지불하고 시합을 했지만 이런저런 이유로 R&A 는 2년 뒤 1936년에 골프채는 14개로 제한한다고 공표했다.

55) 플레이 도중에 플레이할 수 없을 정도로 볼이 파손되었을 때에는 벌점 없이 다른 볼로 교환할 수 있으며, 반드시 마커의 확인을 받아야 한다.

56) 부당하게 플레이를 지연시키거나 앞 홀을 비우면 처음에는 경고를 주며 그 뒤엔 2타의 벌타를 부과하는 경우가 있다.

57) 홀에 걸쳐있는 볼을 기다리는 10초 안에 고의적으로 볼을 집어 돌리거나 움직인 경우 2벌타를 부과하고 리플레이스 한다. 그리고 만일 볼이 깃대에 걸쳐있어 볼이 일부라도 홀 안에 있으면 홀인 된 것으로 한다.

58) 샷을 할 때 볼이 클럽에 두 번 맞는 투 터치는 벌타가 없다

59) 나뭇가지를 휘거나 깊은 풀을 고의로 헤치고 공을 치면 2벌타가 부과된다. 공 뒤의 잔디나 지면을 밟으면 안 된다. 다만 티샷의 경우는 무방하다.

60) 볼은 클럽헤드로 쳐야 하며 밀거나 끌어당기거나 떠올리지 못한다.

61) 모르고 동반자의 공을 쳤을 때는 2벌타 부과되고 다시 자기 공을 플레이한다. 이때 모르고 친 스코어는 가산하지 않는다.

62) 자기의 캐디(caddie)와 같은 편이 아니면 조언을 구하지 말아야 하며, 물어 보거나 이에 대답하면 2벌타가 부과된다.

63) 안정된 스탠스를 잡기 위해 다른 물건을 사용하면 2벌점이 부과된다. 그러나 볼을 치기 전에 치우면 괜찮다.

64) 멈추어 있는 공이 국외자에 의해 움직였을 때는 원위치로 옮길 수 있다. 그리고 바람 때문에 볼이 움직였다면 움직여서 정지한 새로운 위치에서 플레이한다. 그러나 볼을 마크하고 집어 올린 뒤 리플레이스 한 후에 바람에 의해 움직인 경우 다시 리플레이스 한다.

65) 모래에 덮인 볼을 찾다가 움직인 경우 벌타가 없다.

66) 한홀 에서 오비나 해저드에 빠져 지연이 될 경우가 있어 어느 정도 많이 쳤을 때 그

이상은 카운트를 안 하는 최대 타 수를 정하는 멕시멈 스코어를 도입 할 수 있다.

67) 캐쥬얼 워터(casual water)는 코스 내에 일시적인 물웅덩이나 습지를 말하며 볼 주위를 밟아서 발뒤꿈치 이상 잠기면 벌타 없이 1클럽이내의 거리에서 드롭이 가능하다. 그러나 벙커 전체가 물이라면 그대로 치든지 아니면 1벌타 후 그 전의 위치에서 플레이 할 수 있다.

68) 럽 오버 더 그린(rub of the green) : 움직이고 있는 볼이 국외자에 의해서 멈춰지거나 방향이 바뀌는 것을 말한다.

69) 그린 위의 모래 : 벙커샷 시 그린위로 모래가 올라오는 경우가 있으며, 그린 위에서는 모래를 치울 수 있다. 또한 손이나 수건 등으로 모래를 쓸어 치울 수가 있다.

70) 인공적인 장애물이라도 OB담장이나 말뚝은 구제가 되지 않으므로 볼이 접촉되었거나 플레이에 방해가 되더라도 드롭 할 수 없다.

71) OB는 OB말뚝이나 담장의 안쪽의 선으로 결정한다. 스루 더 그린(일반구역) 쪽의 선상에 볼이 조금이라도 걸려 있으면 OB가 아니다.

72) 벙커에 물이 찼을 때는 그대로 치던지 혹은 1벌타 후 2클럽 이내 물 밖에서 플레이하거나 원위치에서 칠 수 있다.

73) 첫 타가 OB가 나서 잠정구를 여러 개 친 후에 공이 있는 장소에 가보니 세이프 된 볼은 1개일 때 그 볼이 몇 번째 잠정구인지 알 수 없다면 그 볼은 '최후에 친 볼'로 간주된다.

74) 플레이 도중 두 경기자가 비슷한 위치에서 볼을 찾았으나 누구의 볼인지 확인할 수 없다면 두 경기자 모두 로스트 볼로 처리하여야 한다.

75) 백스윙(back swing) 중에 볼이 갑자기 움직일 때 볼을 친다면 1벌타가 부가된다. 백스

윙 중 그만 두었다고 하였더라도 1벌타 로 부가된다. 인플레이의 상황에서 볼이 움직인다면 경기자에게 원인이 있는 것이다.

76) 라운드 중에 다른 경기자의 클럽을 빌려 쓴다면, 그 빌려준 경기자는 남은 라운딩 동안 그 클럽을 사용할 수 없게 된다. 단, 빌리는 사람은 클럽의 개수가 14개 이내여야 한다.

77) 라운드 중에 새나 개 등에 의해서 볼이 이동이 되었을 때 그냥 플레이를 한다면 2벌타 이다. 원래 볼이 있던 위치에 드롭해서 벌타 없이 플레이해야 한다.

78) 러프(rough)로 인해 잡초가 길어 볼을 칠 수 없을 때 클럽을 휘둘러 스윙의 장해가 되는 것을 제거하면서 들어간다면 '라이의 개선' 이라는 룰에 의해서 2벌타가 부가된다.

79) 나뭇가지에 걸린 볼 : 클럽에 다른 도구를 연결해서 치려하면 2벌타 이다. 또한 다른 도구를 이용해 발밑에 받침을 만든다면 '스탠스의 장소를 인공적으로 만들어서는 안 된다.'는 룰에 의해서 '2벌타' 이다. 그리고 나무를 흔들어서 볼을 떨어뜨리려 한다면 '라이의 개선'으로 역시 '2벌타' 이다. 결국은 '언 플레이 블' 을 선언하는 것이 가장 나은 선택이다.

80) 볼이 러프로 가서 볼을 찾다가 실수로 자신의 볼을 발로 찼을 시에는 '무벌타' 이다.

81) 자신의 타구에 맞았을 경우 '2벌타'가 부가되고 볼이 멈춘 곳에서 쳐야한다.

82) 인플레이(in play) 중의 볼은 흙이 많이 붙어 있어도 닦을 수 없다. 하지만 볼 전체에 흙이 붙어 자신의 볼을 확인할 수 없을 때 일부를 제거하고 볼을 확인할 수 있다. 이런 경우를 제외하고는 흙 등을 제거하는 행위를 하면 '1벌타'가 된다. 단, 그린 위 언플레이 볼, 수리지 등에서 주워 올렸을 시는 닦을 수 있다.

83) 두 경기자가 비슷한 위치에서 샷을 할 때 먼저 샷을 한 사람이 나중에 샷을 한 사람에게 클럽의 번호를 알려주면 양쪽 모두 '2벌타'이다.

84) 언덕 밑에서 그린으로 샷을 할 시에 핀이 안 보이는 경우가 있다. 이 때 플레이 동반자가 방향을 감시한 상태에서 샷을 하게 된다면 '2벌타'이다.

85) 벙커(bunker) 내에 가지고 온 다른 클럽에 볼이 맞을 경우가 있다. 벙커 내에 클럽을 놓는 것은 괜찮으나 해저드 내에서는 클럽을 지면에 대면 안 된다.

86) 해저드(페널티 구역) 내에 다리 위에서 멈춘 볼의 경우 다리는 인공 구조물이며 장애물로 볼 수 있다. 그러나 다리가 해저드 구역 내에 있다는 것을 인식해야 한다. 그러므로 그 상태로 샷을 하던지 볼에서 가까운 다리 끝을 기점으로 하여 '1벌타'를 부과하고 드롭을 하여 진행하여야 한다.

87) 퍼팅(putting) 시에 먼저 친 사람의 공이 움직이는 중에 다른 경기자가 퍼팅을 하거나 볼을 줍는다든지 하는 행동을 하면 '2벌타'이다.

88) 오구(wrong ball, 자신외의 볼)로 홀 아웃 했을 경우에는 우선 '2벌타'가 부과된다. 그리고 자신의 볼을 찾아야 한다. 자신의 볼을 찾으면 그 장소에서부터 재 플레이를 한다. 결과적으로 2벌타만 부과되고 오구 플레이의 타수는 점수에 포함시키지 않는다. 만약 오구를 발견 못한다면 티샷을 제외하고 2타 째부터 오구로 간주하여 그 장소에서 재플레이를 한다.

89) 짧은 퍼팅 시 퍼터로 밀어 넣는 경우가 있는데 이는 '2벌타' 이다. 볼은 클럽의 헤드로 바로 쳐야하며 밀어내거나 끌어당기거나 또는 떠 올려서는 안 된다.

90) 자기가 자신의 퍼팅 라인을 밟거나 걸쳐서 퍼팅을 할 시에는 '2벌타'이다. 이는 특별한 퍼팅 스타일을 금지하기 위함이다.

91) 티샷을 때는 대부분 티에다 볼을 올려놓고 티업을 하지만 규칙에는 반드시 티를 써야 한다는 규정은 없다. 푹신한 잔디 위에 직접 볼을 놓거나 가지고 있는 소지품(성냥갑, 필름통)을 사용해도 괜찮다.

92) 티잉 구역 에서 티업을 할 때 는 어느 구역에서 하라는 정의가 룰에 명시되어 있다. 만일 구역 밖에서 쳤다면 2벌타를 부가 받고 구역 안에서 다시 쳐야 한다.

93) 힘껏 클럽을 휘둘러 샷을 시도했는데 클럽 헤드가 볼을 건드려 보지도 못하고 헛나갔다. 이럴 경우 비록 헛쳤지만 룰에서 말하는 엄연한 스트로크^(정의44)에 해당하니까 헤드가 볼에 맞지 않았어도 볼을 친 것으로 간주된다.

94) 티잉 구역에서 샷 한 볼이 분실이나 OB가 된 듯 하면 잠정구를 쳐 두어야 한다. 그렇게 하는 다시 치기 위해 되돌아가는 시간을 줄일 수 있고 허둥대지 않아도 된다. 만일 잠정구를 친 후 먼저 친 볼을 발견했다면 잠정구는 타수로 계산하지 않고 그대로 플레이를 진행하면 된다.

95) 라운드 중 클럽의 파손이나 클럽이 몸에 잘 맞지 않는 다는 등의 이유로 동반자의 클럽을 빌려서 사용할 수 없도록 되어 있으며 정상적인 라운드에서 손상된 클럽은 부적합 여부와 상관없이 사용 가능하다.

96) 잠정구를 칠 때에는 반드시 잠정구를 치겠다며 동반자에게 선언을 하여야 한다.

97) 페어웨이에서 어드레스를 잡는 순간 실수로 클럽 헤드가 볼에 닿았고 그 결과 조금 이지만 볼이 흔들렸다. 이럴 경우 볼이 클럽에 닿아 흔들리기만 하고 위치의 이동을 한 것이 아니라면 룰 상 으로는 움직인 것이 아니며 벌타 는 없다. 또한 마크 하거나 어드레스 할 때 볼이 우연히 움직여도 다시 벌타 없이 원 지점에서 놓고 한다.

98) 2019 룰로 해저드는 벙커와 페널티 구역으로 나뉘며 페널티 구역은 사막, 숲 등도 포함되며 일반적인 상황처럼 샷하기 전 지면이나 수면, 풀등에 클럽이 닿아도 벌타가 없다. 나뭇잎 등을 치워도 벌타가 없고 치울 때 볼을 움직이면 1벌타

99) 나무에 맞고 튕긴 볼이 자기가 아닌 옆 플레이어에게 맞았다. 이럴 경우 남에게 맞은 볼이고 벌타는 없다. 그리고 볼이 멈춘 위치에서 그대로 플레이하면 된다.

100) 잘못해서 자기 볼을 쳤다면 1타의 벌을 부과하였으나 개정 룰은 상대방이나 본인 등에 의해서 우연히 볼이 움직여도 무벌타로 원위치에 리플레이스 하며 위치를 정확히 모를 경우에는 추정하여 리플레이스 한다.

101) OB말뚝은 장해물이 아니고 코스 내의 시설물이라고 룰에 규정되어 있으므로 스윙에 방해가 된다고 말뚝을 제거하고 플레이하면 2벌타가 부과되며 있는 그대로의 상태로 치든지 언 플레이어 블 의 조치를 택할 수밖에 없다. 그러나 제거 후 스트로크 하기 전 원상복귀면 무 벌타.

102) 해저드 구역을 표시하는 노란 말뚝은 움직일 수 있는 장해물에 해당되므로 OB말뚝과 달리 말뚝을 제거하고 플레이 할 수 있다. 그러나 샷을 한 다음에는 원래대로 꽂아놓는 것이 상식이다.

103) 2019 개정된 벙커의 경우 임페디먼트^(나뭇잎등 고정되지 않고 생장하는 자연물)을 제거해도 무방하나 치울 때 볼을 건드리면 벌타이다. 볼이 박히거나 하여 벙커 안에서 언플레이 볼은 1벌타, 벙커 밖에서는 2벌타이다. 순서를 기다릴 때 벙커 안에서 클럽으로 모래를 짚고 있을 때도 상관없으나 모래를 테스트 해서는 안되고 스윙중이나 볼의 앞뒤에 접촉되어도 안 되고 백 스윙 중 모래가 닿아도 2벌타.

104) 못을 쳐 넘기려고 한 어프로치 샷이 미스가 나서 못 언저리의 얕은 물속에 볼이 빠졌다. 샷을 할 자신이 있다면 그대로 샷 해도 되며 워터 해저드는 벙커와 마찬가지로 클럽이 그 표면에 닿아도 된다.

105) 모래나 푸석푸석한 흙은 그린 위에 있는 경우에만 쓸어내고 플레이 할 수 있다. 다만 플레이어의 볼이 움직이고 있는 순간만큼은 치우면 안 된다.

106) 그린 위에서 볼에 묻은 이물질^(모래, 풀)을 제거하기 위해 볼을 집을 경우 볼 위치를 마크해 놓아야만 하며 위반 시 1벌타를 부과한다.

107) 2019 개정에 의해 해저드 명칭은 벙커와 페널티 구역으로 바뀜

108) 퍼팅 도중 갑자기 폭우가 쏟아져서 우산을 받쳐 든 채로 어드레스를 잡았다면 2벌타가 부과된다. 또한 캐디 및 동반자에게 플레이 중에는 바람이나 비를 막는 물리적 도움을 받을 수 없다.

109) 퍼팅그린은 플레이 홀 이라고도 부르고, 스루더 그린은 일반구역으로 바뀜.

110) 동반경기자가룰 이외의 조언을 한 경우 2벌타가 부과되고 조언을 받은 쪽은 자신이 요구한 것이 아니므로 무 벌타가 된다. 또한 동반경기자의 캐디에게 조언을 요청하거나 어드바이스를 받는 것도 위반이 된다. 그러나 공용캐디에 대해서는 "캐디가 알고 있는 모든 정보를 물을 수 있다." 는 제정이 있다.

111) 거리에 관한 정보를 서로 교환하는 것은 허용되어 있다. 따라서 동반경기자 혹은 캐디 등 누구에게도 그의 볼과 홀 사이의 거리를 물어 볼 수 있다. 거리 측정기 사용에서 거리를 측정하는 범위에서 종전 로컬 룰로 허용하는 경우 사용할 수 있다에서 로컬룰로 금지하지 않는 한 사용할 수 있다 로 개정되었다.

112) 퍼팅 그린에서 스트로크 할 때 깃대나 시중드는 사람, 그 사람의 물품 등을 맞쳤을 때 2벌타를 부과했으나 개정률은 누구나 무엇을 맞춰도 무벌타로 볼을 멈춘 곳에서 그대로 플레이한다.

113) 볼을 드롭할 때 어깨 높이가 아니라 반드시 무릎 높이에서 해야 한다. 이는 플레이어가 똑바로 선 상태에서 지면에서부터 플레이어 무릎까지를 말한다.

114) 해저드(패널티 구역)에 볼이 빠진 경우. 적색 그리고 황색으로 표시된 페널티 구역은 사막, 바위 등을 포함할 수 있고 물이 있는 구역도 포함된다. 해저드 구역(패널티 구역)에 볼이 빠졌을 때 벌타 없이 집어서 확인할 수 있고 루스 임페디먼트를 움직이거나 클럽이 페널티 구역 안의 지면 또는 물에 접촉하는 것은 더 이상 벌이 없다.

115) 부적합한 티를 사용할 때 실격이었으나 개정룰은 첫번째 위반에는 일반 페널티, 두번째 위번 때 실격이다.

116) 퍼팅 그린 위에 있는 볼을 다른 플레이어에게 도움을 주고자 합의하여 집어 올리지 않는 경우 실격이었으나 개정룰은 일반 페널티 2벌타로 바뀜.

117) 볼이나 볼미커를 집어 올리거나 옮겨달라는 요구를 거절할 때 실격이었으나 개정룰은 2벌타를 페널티로 바뀜.

118) 경기있는 날 라운딩 전 코스에서 연습을 하면 실격이었으나 개정룰은 첫번째 위반에는 페널티, 두번째 위반 때는 실격.

119) 타월로 무릎 주위를 감싼 다음 무릎을 꿇고 플레이를 했을 경우 일반 페널티였으나 개정룰은 무벌타.

120) 볼마커로 나뭇잎 등 루스 임페디먼트를 사용할 수 있었으나 개정룰은 안되며 티를 뒤에 꽂거나 퍼터를 세워서 마커로 쓸 수는 있음.

121) 나무 위에 있는 볼을 발견하거나 확인하는 과정에서 우연히 그 볼을 움직이거나 떨어뜨린 경우 1벌타에 리플레이스였으나 개정룰은 무벌타.

122) 승인없이 캐디가 그린 위의 볼을 마크할 수가 있으나 집어올릴 수는 없었는데^(위반 1벌타) 개정룰은 집어올릴 수 있고 리플레이스 할 수 있다.

123) 플레이 적합 여부를 확인하기 위해 집어올린 경우, 확인하기 위해 집어올린 경우, 플레이 방해 때 집어올린 경우, 구제 허용 확인 위해 집어올린 경우에는 볼을 닦을 수 없다.

124) 깃대를 고의적으로 기울어지게 꽂아둔 경우 2벌타를 페널티 했지만 개정룰은 깃대를 맞출 경우에만 2벌타 부과.

125) 구제구역을 측정할 때는 퍼터를 제외한 가장 긴 클럽을 사용함.

126) 잔디를 짧게 깎은 구역에 박힌 볼은 드롭하여 구제를 받으나 드롭한 볼이 지면에 다시 박힌 경우에는 구제 불가.

탑프로와 함께하는
재미있는 골프

Chapter 04.

클럽의 종류

탑프로와 함께하는
재미있는 골프

Chapter 04.
클럽의 종류

클럽은 우드(Wood), 아이언(Iron), 퍼터(Putter)로 나누어진다. 우드는 다른 클럽에 비해 샤프트 길이가 길고 헤드 용량이 커 비거리를 많이 낸다. 따라서 비거리를 내기 위해 헤드의 소재나 샤프트의 재질, 길이를 중요하게 고려해야만 한다. 명칭으로는 1번(드라이버), 2번(블라시), 3번(스푼), 4번(버피), 5번(클리크)으로 부르며 최근에는 9번 이상 까지 나와 있다.

우드의 소재는 천연 소재만을 사용한 밤나무의 퍼시몬 소재에서 볼에 대한 반발력이 강하여 볼을 잘 날게 해주는 메탈 소재로 다양하며 지금은 티타늄 소재까지 발전하였다. 헤드 체적은 점점 커지는 추세로 최근에는 상한선을 460CC, 샤프트의 길이는 46인치로 제한하였다. 그러나 헤드가 크면 스위트 스퍼트 가 커 볼을 미스 할 가능성이 없어 유리하나 공기의 저항을 많이 받아 헤드 스피드가 줄어들 수 있고 샤프트 길이가 길면 거리 내는 데는 좋으나 볼을 바로 맞출 수 없는 단점이 있다.

우드는 클럽헤드가 나무인 퍼시몬 우드가 주로 이용되었는데 최근에는 메탈헤드인 스테인리스나 티타늄, 알루미늄 등 금속으로 만들어진 헤드를 많이 이용하고 있다.

퍼시먼 우드보다 메탈 우드를 많이 이용하게 되는 이유로는 가공이 쉬우므로 대량생산을 할 수 있고 임팩트 시 헤드가 볼을 가하는 시간이 짧으므로 사이드 스핀이 적고 슬라이스나 훅 등의 휘는 샷이 적기 때문이다. 백스핀 역시 적으므로 런이 많고 비거리가 늘어나는 등의 여러 가지로 선호할 수 있는 장점이 많기 때문이다. 그에 비해 퍼시먼 은 소재의 부족과 가공이 어렵기에 가격 역시 고가이다. 이 역시 플레이어가 메탈 헤드를 이용하게 하는 이유이다. 또 메탈 헤드 이후 일본에서 합성물질을 소재로 한 카본 클럽이 개발되었다. 카본 우드는 헤드가 최첨단 소재인 카본화이어로 만들어진 것이다.

이외에 보론이나 케블러라고 하는 복합소재 헤드 등이 있다. 그러나 현재 가장 많은 플레이어가 이용하는 클럽은 메탈 우드이다.

샤프트의 길이는 1번 우드를 기준으로 번호가 커질수록 약 1~2인치씩 짧아지게 된다. 클럽의 길이가 길수록 원심력의 작용으로 멀리 나간다. 그러나 클럽의 길이가 길면 길수록 컨트롤이 어렵다.

아이언은 우드와는 일단 구분되는 명칭이다. 이 아이언은 멀리 날리는 것보다는 조절해서 목표에 정확하게 치는 것이 목적인 클럽이다. 아이언은 1번에서 9번까지의 클럽과 피칭웨지, 샌드웨지등 기본적으로는 11가지 종류가 있고, 대게 1~4번 클럽을 '롱 아이언', 5~7번 클럽을 '미들 아이언', 8번~샌드웨지까지를 '숏 아이언'이라고 부른다. 1~4번까지의 롱 아이언은 아이언 중에서도 장거리용이고, 나머지는 '번호'가 커질수록 비거리가 작도록 만들어져 있다. 비거리는 클럽의 '샤프트 길이'와 '클럽 페이스의 각도(로프트)'와 관계가 있다. 샤프트가 길고 클럽 페이스의 각도가 적은 클럽일수록 멀리 난다. 샤프트가 짧고 로프트가 많아질수록 비거리가 작다. 따라서 롱 아이언은 샤프트가 길고 로프트가 적고, 숏 아이언은 샤프트가 짧고 로프트가 큰 클럽이다.

11개의 클럽 외에 아이언과 피칭웨지와 샌드웨지의 중간에 사용하는 어프로치웨지와 샌드웨지보다 각도가 더 큰 로브웨지도 있다. 1번 아이언, 2번 3번 아이언 등은 페어웨이 샷보다 티샷으로도 이용된다.

아이언은 우드에 비해 명칭이 잘 안 불려진다. 명칭보다는 번호로 불리는 경우가 대부분이다. 정식명칭은 1번 아이언은 드라이빙 아이언, 2번 아이언은 미드 아이언, 3번 아이언은 미드 매시, 4번 아이언은 매시 아이언, 5번 아이언은 매시, 6번 아이언은 스페이드 매시, 7번 아이언은 매시 니블릭, 8번 아이언은 피채, 9번 아이언은 니블릭이다.

길이는 만든 회사마다 각기 차이는 있지만 아이언 7번이 약 36인치이다. 아이언 7번을 기준으로 번호가 커질수록 약 1~2인치씩 짧아지고 번호가 작아질수록 약 1~2인치씩 길어진다. 그러면 1번 아이언은 길이가 39인치가 되고 9번 아이언은 길이가 35인치가 된다. 피칭웨지나 샌드웨지의 길이는 9번 아이언과 같은 35인치이다.

클럽 중에서 1번 우드(드라이버)가 샤프트가 가장 길고, 로프트가 적으므로 가장 멀리 나가는 것이다. 샤프트의 소재는 스틸과 카본(그라파이트) 두 가지가 있는데 스틸 샤프트는 스윙할 때 주로 선수나 힘이 좋은 사람이 이용하며 그 이외에 아마추어나 보통 사람들은 카본(그라파이트) 샤프트를 사용한다.

카본 샤프트의 장점은 가볍다는 것이다. 프로 선수들은 스틸 샤프트를 선호하는 편이다. 스틸 샤프트는 강도가 있고 무게 또한 있다. 그래서 볼이 맞는 순간 휘는 폭이 적기 때문에 볼을 더 정확하게 맞출 수 있다. 그러나 요즈음은 그라파이트의 신소재가 발달하여 가볍고 정확성이 좋은 휨이 적은 견고한 종류의 샤프트가 많이 나와 있다.

로프트는 볼을 치는 페이스 면의 각도이다. 위에서 말했듯이 드라이버는 수직에 가까운 면으로 볼이 닿기 때문에 높이 뜨지 않고 낮게 멀리 간다는 것이다. 그러나 요사이는 이 이론에 반박하여 로프트의 각도가 12도정도가 될 때 비거리가 가장 많다는 실험 결과가 나왔다. 클럽 페이스에는 홈이 나 있는데 이를 스코어 라인이라 한다. 스코어 라인과 로프트 각의 마찰에 의해 볼을 떠올려 치는 것이다. 드라이버의 로프트는 9°~11°정도를 즐겨 사용된다. 2번 우드는 13°정도이고 3번 우드는 16°, 4번 우드는 19°, 5번 우드는 21°정도이다. 약 3°씩의 차이로 높아진다. 그러나 제조회사들에 따라 차이가 있다.

아이언의 경우 7번 아이언은 39°이다. 아이언의 번호가 낮아질수록 4°씩 작아지며 아이언 4번과 3번의 각도 차이는 3°이다. 그리고 아이언 7번에서 번호가 커질수록 4°씩 커진다.

클럽헤드에는 로프트 말고도 라이각 이라는 것이 있는데 이는 클럽을 지면에 놓았을 때 지면과 힐 부분 사이에 생기는 각도를 말한다. 라이각 역시 클럽의 번호가 작아질수록 각이 커진다.

아이언 클럽은 헤드가 금속으로 만들어졌으며 페어웨이에서 그린 위의 홀로 보내는 역할을 한다. 아이언 역시 철(아이언)을 사용해서 만든 클럽과 카본이나 보론 을 소재로 해서 만든 클럽이 있다. 그러나 대부분의 플레이어가 철을 소재로 해서 만든 클럽을 사용하고 있다.

'아이언'은 '단조(鍛造)'와 '주조(鑄造)'의 방법으로 만들어지는데 단조란 빨갛게 달군 철을 위에서 압력을 가해 형태를 만드는 프레스가공을 말하고. '주조'는 용해시킨 철을 일정한 형태의 틀 속에 부어, 식혀서 제품을 만드는 것으로 일명 '로스트 왁스'라고 한다. 단조 아이언은 프로나 상급자에게 압도적으로 인기가 있다. 제법이 완벽하고 철 본재 의 날카로운 맛이 있기 때문이다. 게다가 연철단조 아이언은 다소 휘거나 사용하기 쉽게 깎아도 금이 가지 않는다. 그러나 비싸다는 단점이 있다. 로스트 왁스는 많이 보급되어 있으며, 사용이 쉽고 대량생산이 가능하므로 가격도 싸다. 요사이엔 우드와 아이언의 중간형인 유틸리티 클럽이 치기가 편하다 하여 선수나 아마추어나 서로 많이 이용한다.

퍼터는 공을 굴려 홀 컵에 넣을 때 쓴다. 퍼터는 종류가 셀 수 없을 정도로 다양하다. 보통 손으로 잡고 하는 퍼터, 배꼽에 대고 하는 벨리퍼터, 가슴에 대고 하는 체스트 퍼터 등이 있다. 기본적인 형을 크게 분류해 보면 'T자형', '반원형', '핀형', 'L자형'의 4가지로 나뉜다. 'T자형'은 샤프트가 헤드의 중앙에 붙어 있어 T자 모양을 하고 있다. '반원형'은 반원 형태로 프로 중에도 애용하는 이가 상당히 많다. '핀형'은 헤드 끝과 힐 부분에 중량을 분산시킨 타입으로, 샤프트가 헤드의 중앙보다 약간 힐 쪽에 붙어 있는 것이 보통이다. 세계적으로 애용자가 가장 많다. 'L자형'은 퍼터 헤드와 샤프트의 위치 관계가 헤드의 힐 쪽에 붙어 있는 것으로 L자 모양을 하고 있다.

핀형의 퍼터는 스위트 스팟이 넓어 약간의 중심이 빗나간 상태에서 맞더라도 휘어짐이 적으므로 초보자에게 적당하다. 그리고 그립은 다소 굵은 것이 페이스의 흔들림을 막아준다. 대게 클럽에 따른 남자 아마추어의 비거리는 다음과 같다.

《 비거리 표시도 》

Woods	
Driver	200-240yard (183-219m)
3-wood	190-220yard (174-201m)
5-wood	170-190yard (155-174m)
7-wood	160-180yard (146-165m)
Irons	
1-iron	190-210yard (174-192m)
2-iron	180-200yard (163-219m)
3-iron	170-190yard (155-174m)
4-iron	160-180yard (146-183m)
5-iron	150-170yard (137-155m)
6-iron	140-160yard (128-146m)
7-iron	130-150yard (119-137m)
8-iron	120-140yard (110-128m)
9-iron	110-130yard (101-119m)
Wedge	
Pithching Wedge	90-110yard (82-101m)
Sand Wedge	up to 80 yard (73m)

탑프로와 함께하는
재미있는 골프

Chapter 05.

클럽의 선택

탑프로와 함께하는
재미있는 골프

Chapter 05.
클럽의 선택

대부분의 골퍼들은 클럽 선택에 있어서 고민을 많이 한다. 무슨 종류의 드라이버와 클럽을, 샤프트는 스틸(Steel)로 혹은 그라파이트(Graphite)로 강한 것 아니면 약한 것 등 결정할 것이 많다.

클럽의 세팅에는 하프세트와 풀세트가 있는데 하프세트는 우드 1번과 우드 3번과 아이언 3번, 5번, 7번, 9번 그리고 샌드웨지와 퍼터의 8개로 구성된다. 풀세트는 14개로 구성되는데 그 14가지 클럽의 선택은 자유이다. 시중에서 시판되는 풀세트는 우드 1번에서 5번 중 4개와 아이언 3번에서 9번, 피칭웨지, 샌드웨지, 퍼터로 구성되어 있다.

꼭 새 클럽이 좋은 것만은 아니며 초보자는 값싼 중고 채를 구입한 후 기술을 익힌 후 기술이 증진되었을 때 고려해 보는 것이 좋다.

통상 샤프트의 구분은 만드는 회사마다 다르지만 보통 L, A, R, RS, S, SX, SX, SXX로 나뉘며 남자 아마추어는 R을 사용하고 여성은 L을, 주니어와 나이 많은 사람은 A를, 프로는 SX나 SXX를 사용한다. 그러나 자신의 스윙의 스피드를 고려하여 선택하는 것이 좋다.

샤프트의 강도 외에 클럽의 무게 또한 클럽을 선택하는데 영향을 준다. 클럽에는 클럽 전체의 무게인 토탈 웨이트 와 클럽을 휘두를 때 느끼는 스윙 웨이트가 있다. 토탈 웨이트가 가벼운 클럽일지라도 스윙 웨이트가 무거운 클럽이라면 선택에서 배제하는 것이 좋다.

클럽헤드의 무게가 너무 무겁다면 클럽을 휘두르기가 힘들다. 그리고 클럽헤드의 무게가 너무 가볍다면 휘두르기가 쉽다. 그러나 클럽헤드의 무게에 따라 비거리가 달라진다는 것도 생각해야 한다. 이런 비율을 맞추는 것이 스윙 웨이트에 의한 것이다.

스윙 웨이트는 무게가 낮은 순으로 A-E의 5단계로 분류되며 그중 0-9까지 10단계로 나뉜다. 스윙 웨이트의 기준은 D0 정도로 한다. 그리고 헤드가 무거워지면 D, D2 ,D3.....로 표시하고 헤드가 가벼워지면 C9, C8....등으로 표시한다. 일반적으로 C대의 스윙 웨이트를 많이 이용한다. 요 사이에는 헤드크기가 크고 샤프트 길이가 아주 긴 클럽이 나와 각 회사마다 Sweet Spot^(맞는 면적이 큼)이 넓고 비거리가 많이 나간다고 광고를 하는 것을 볼 수 있다. 그러나 헤드가 크면 클수록 맞는 면적은 커지지만 공기의 저항이 있어 휘두르기가 쉽지 않아 체력이 뒷받침되지 않으면 헤드 스피드가 줄어들 염려가 있고 길이가 길면 길수록 멀리 나가지만 임팩트 때에 볼을 쉽게 맞힐 수 있는 확률이 적어짐을 알아야 한다.

따라서 클럽 선택 시에는 자신의 체형과 스윙에 적합한 것이 좋다. 먼저 자신의 스윙 스피드와 궤도, 로프트와 라이, 탄도 등을 고려하여 전문가에게 일임하는 것이 좋다.

탑프로와 함께하는
재미있는 골프

Chapter 06.

골프의 코스

탑프로와 함께하는
재미있는 골프

Chapter 06.
골프의 코스

　한국 골프인구가 가면 갈수록 많아지고 있다. 많은 사람이 골프를 즐기고 있는 상황에서 아직까지 골프장의 정확한 의미에 대한 이해가 부족함을 느낀다.

　골프장 구분에는 회원제 골프장(Private) 와 대중 골프장(Public)으로 나누어 볼 수 있다. 회원제 골프장의 특징은 골프장 회원만이 이용할 수 있는 골프장이다. 보통 회원 1명이 비회원 3명을 동반하여 플레이할 수 있다. 그리고 대중 골프장은 회원으로 구성이 안된 누구나 가서 이용할 수 있는 홀을 가진 골프장으로 3홀 6홀 9홀로 구성되어 있다. 대중 골프장은 누구나 가서 이용할 수 있는 골프장으로 가격도 저렴하다. 골프장 명칭으로는 컨트리클럽(Country Club)과 골프 클럽(Golf Club), 링크스 코스(Links Course), 골프 연습장(Driving Range)로 구분된다. 컨트리클럽은 우리가 흔히 골프장으로 알고 있는 컨트리클럽(CC) 은 일반적으로 알고 있는 개념보다 좀 더 포괄적인 의미를 담고 있다. 컨트리클럽(CC)은 골프장뿐만 아니라 테니스, 수영장 등의 놀이공간이 함께 있는 곳을 말한다. 따라서 골퍼들만이 아니라 골프 이외의 스포츠를 즐기려는 사람과 가족 단위의 구성원들도 거기에 갖추어진 위락시설을 이용할 수 있다. 최근 들어 리조트라고 불리기도 한다. 골프클럽은 약자 GC로 표기되는 골프 클럽은 오로지 골프를 위한 시설만을 갖춘 경우를 말한다. 우리나라 골프장의 대부분이 이 GC에 해당한다. 그러나 아직까지 국내 대부분의 골프장은 CC로 표기하고 있는 실정이다.

링크스 코스는 바로 해안선을 따라 코스가 이어지는 코스를 말한다. 해안의 경관과 어우러져 장대한 경관을 연출하는 골프장이다. 해외에서는 미국의 페블비치 골프장, 스코틀랜드의 로열 트룬 골프장, 로열도 나크 골프장이 있다. 마지막으로 골프 연습장에는 실내 연습장과 실외 연습장으로 구분되어 있으며 골프연습과 함께 레슨을 받을 수 있다. 또한 다양한 편의시설이 갖추어져 골프실력 향상에 도움이 된다. 미국에서는 천연 잔디 위에서 골프 연습을 할 수 있는 곳이 많으나 국내는 매트타석으로 된 연습장이 대부분이다. 따라서 일반 골프 연습장 명칭에 골프클럽을 사용하는 것은 잘못된 것이다.

현재 우리나라에는 2019년 기준 약 500여 개가 넘는 골프장이 있으며 대체로 18홀 규모가 가장 많다. 1홀 당 평균 1만평이상의 넓이인데 이것이 18홀이 되면 전체 넓이는 약 20만평이상이 된다. 또한 홀 외의 지역 내에 2.8배 이상의 녹지를 남겨야 하므로 18홀이라면 전체 넓이로는 적어도 33만평의 토지를 필요로 한다. 길이로 따지면 18홀 전체의 길이는 평균 6km이상이 된다. 그러므로 코스에서 18홀을 플레이하면 6km이상을 걷는 것이 된다.

코스는 18홀 단위로 되어 있지만 이를 9홀씩 나누어 전반 1홀에서 9홀을 아웃코스, 후반 10홀에서 18홀을 인코스라 부른다. 이는 골프가 처음 시작된 영국의 세인트 앤드류의 코스가 전반 9홀을 클럽하우스에서 일방통행으로 가게하고 10번 홀에서 18번 홀로 되돌아오게 한데서 유래한다. 그래서 'Going Out, Coming In'이라고 표현하고 그 Out과 In이 18홀을 둘로 구분하는 용어가 되었다. 물론 27홀이면 아웃코스와 인코스 대신 동 코스, 서 코스, 남 코스 등의 다른 이름을 붙이기도 하며, 36홀인 경우는 이를 둘로 나누어 동 코스, 서 코스 등의 이름을 붙인 뒤 그 안에서 아웃과 인으로 나누는 것이 보통이다.

코스는 그 지형에 따라 정취가 달라지며 플레이의 난이도도 결정된다. 평야에서의 코스는 평평하고, 구릉 지대 이면 기복이 심한 업 다운의 코스가 된다. 대체로 평평하고 숲에 둘러싸여 있는 코스를 '임간코스', 기복이 많은 것을 '구릉코스' 등으로 부른다. 그리고 해안부근에 만들어진 코스를 '시사이드 코스', 구릉코스와 같이 기복이 많은 코스로 산지에 만들어진 코스는 '고원코스'라 한다. 마지막으로 '하천부지 코스'가 있는데 이는 크고 작은 하천의 하천부지를 이용해 만들어진 코스다.

골프장에는 여러 코스가 있다. 코스마다 공을 치는 장소(Teeing Ground)가 있고 공을 굴려 넣는 그린이 있다. 그린 위에는 공을 넣는 홀(Hole)이 있다. 구멍 안에는 깃발이 꽂혀 있는데, 깃발의 높이는 2.44m 이상이 되어야 하며, 홀의 밑바닥에서부터 지면까지의 깊이는 7.62cm이고 홀의 직경은 10.8cm이다. 또 각 코스의 길이는 약 100-600m 넓이는 약 50m 정도이다. 각 코스에는 언덕과 골짜기도 있고 연못이나 흐르는 물, 그 밖에 여러 가지 장애물을 설치하여 경기를 보다 재미있고 어렵게 만든다.

공을 티 샷 하는 장소를 티 그라운드(Tee Ground)라고 하며, 티 그라운드와 퍼팅그린, 코스내의 모든 해저드를 제외한 코스의 전지역을 스루 더 그린(Through the Green)이라고 하고, 연못을 워터 해저드(Water Hazard), 코스 중앙 부분을 페어웨이(Fairway), 풀이 긴 양쪽을 러프(Rough)라고 한다. 그리고 코스 중간에 장애물로 설치해 놓은 벙커(Bunker)라 한다. 또 코스와 평행으로 흘러가는 시냇물을 레터럴 워터 해저드(Lateral Water Hazard)라고 하며, 경기장과 경기장 밖을 구분하는 OB(Out of Bounds)말뚝이 있다.

해저드의 좀 더 확실한 의미는 벙커나 연못, 하천 같은 코스내의 장해 구역을 말한다. 해저드의 역할은 코스 공략의 난이도를 높이는 것이며, 티샷의 낙하지점에 있는 크로스 벙커나 그린 바로 앞에 배치된 연못은 설계자에 의해 코스에 만들어진 함정이다. 해저드에는 코스의 경관을 높이기 위해 만들어진 감상용 해저드와, OB를 방지하게 해주는 구제용 해저드도 있어, 모든 해저드가 장해물이라 보기에는 어렵다. 보통 거리가 긴 코스에는 해저드가 적고 거리가 짧은 코스는 공략을 어렵게 하기 위해 해저드를 많이 배치한다.

각 홀에는 파(Par)란 기본타수가 있으며 18홀에 70개에서 72개가 있다. 파3(숏 홀)의 길이는 남자의 경우 250yard(229m), 여자는 210yard(192m)이하이다. 만일 홀이 up-hill, 굽은 곳이거나 바위 등 어려운 조건이 있으면 파4로 지정되는 경우도 있다. 파4(미들홀)는 남자 251~470yard(230~430m) 여자 211~400yard(193~266m)의 범위이며, 파5(롱홀)는 남자 471yard(432m)이상, 여자 410yard(367m)이상을 말한다. 그러나 불과 20년 전만 하더라도 PGA 선수들 드라이버 비거리가 평균 270야드 대였으나 지금은 좋은 소재의 클럽개발, 과학적인 스윙 등으로 평균 300야드가 되어 골프장 길이가 더욱 늘어나고 있다.

각 홀에는 그 홀을 나타내는 핸디캡이 있다. 이 핸디캡은 홀의 길이를 기준으로 어려운 홀 순으로 붙여진 것으로 1번이 가장 어렵고 18번이 가장 쉬운 홀이다. 이런 난이도는 거리에서 대부분 결정되지만 거리가 짧은 홀이라도 해저드 등의 장해물로 인해 난이도가 높아지기도 한다.

코스의 난이도를 숫자로 나타낸 것을 코스 레이트라 한다. 코스 레이트란 코스의 편차계수이다. 파가 같은 72인 코스라도 코스 레이트에 따라 그 난이도는 달라진다.

골프 코스는 길이가 서로 다른 18홀(정규 홀)로 구성 되어 있다. 장소에 따라 18홀 27홀 36홀 72홀 등으로 구성되어 있다.

각 홀에는 플레이하는 순서에 따라 1홀에서 9홀까지를 클럽 하우스에서 코스로 나간다의 뜻의 아웃코스(out course)라 하고, 10홀에서 18홀까지를 다시 들어온다 하여 인코스(in course)라고 한다.

1. 홀의 구조와 명칭 알기

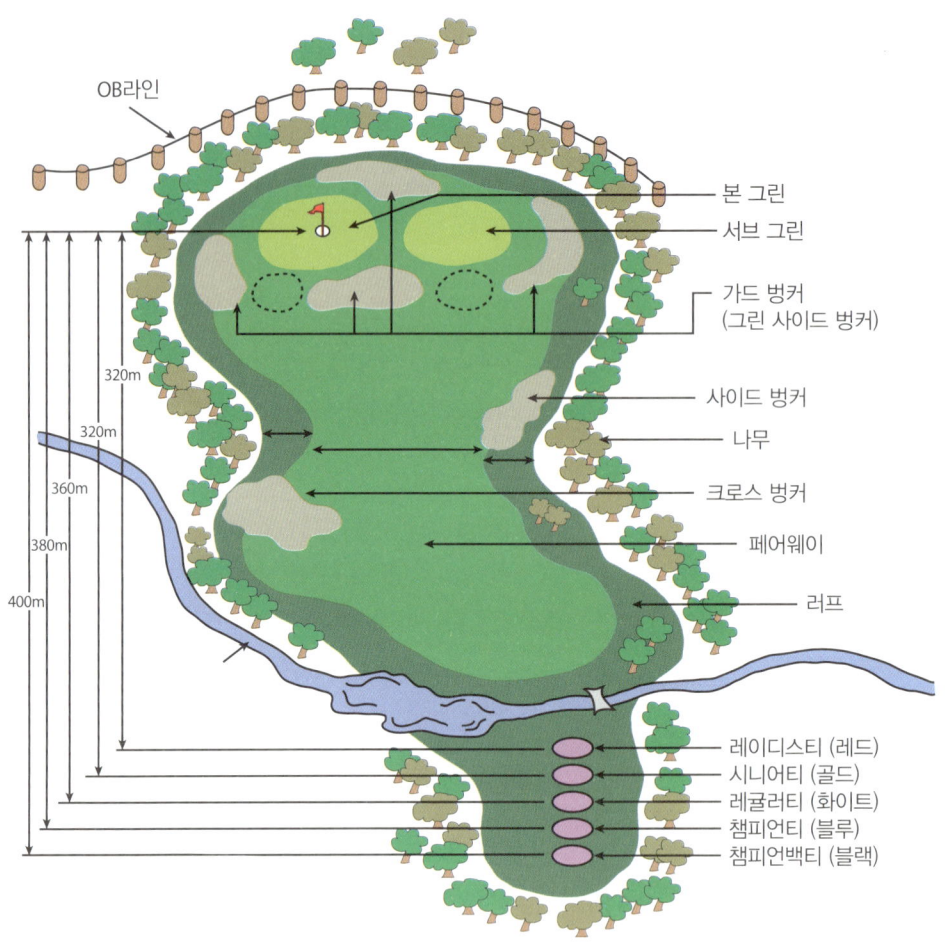

2. 홀의 구성

코스를 구성하는 18홀은 티잉 그라운드(Teeing ground)로부터 그린까지의 거리에 따라 PAR3, PAR4, PAR5의 세 가지로 나누어져 있다. 18홀 중 PAR3 와 PAR5는 각각 4개씩 있고 나머지의 10홀이 PAR4로 구성되어 있는 것이 일반적이며 합계 거리는 평균 5000~6500m가 된다.

이들 홀에는 제각기 기준타수(파)가 있는데 PAR3는 3타로, PAR4는 4타, PAR5는 5타로 홀에 넣는 것이 기본이다. 18홀의 파의 합계는 72타이다.

• PAR 3

229m^(여자는 192m)이하의 짧은 홀인데 보통 1타로 볼을 그린에 올리고 2회의 퍼팅으로 홀 아웃^(hole out)하는 것이 기본파이다

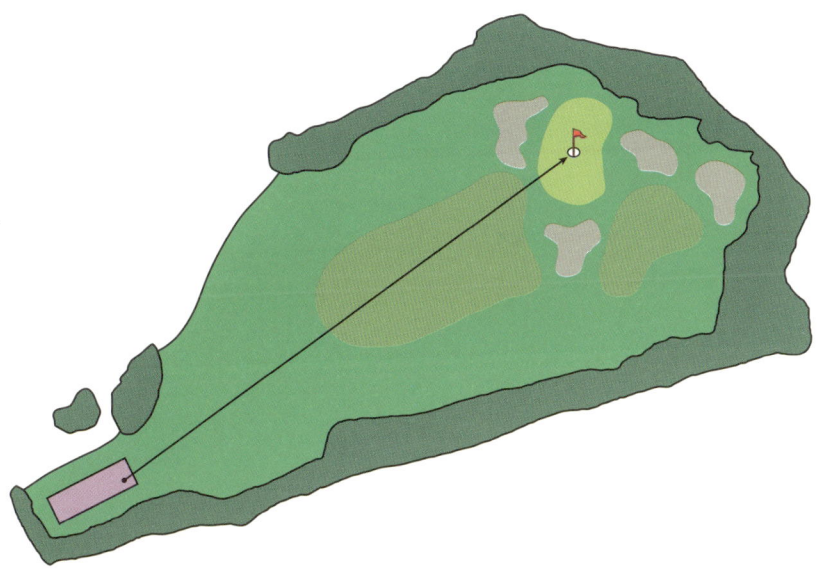

• PAR 4

230-430m^(여자는 193-366m)까지의 홀인데 2타로 볼을 그린에 올린 다음 2회의 퍼팅으로 홀 아웃 하는 것이 기본이며, 18홀의 반수 이상을 차지하고 같은 PAR4 이지만 거리에 많은 차이가 있다.

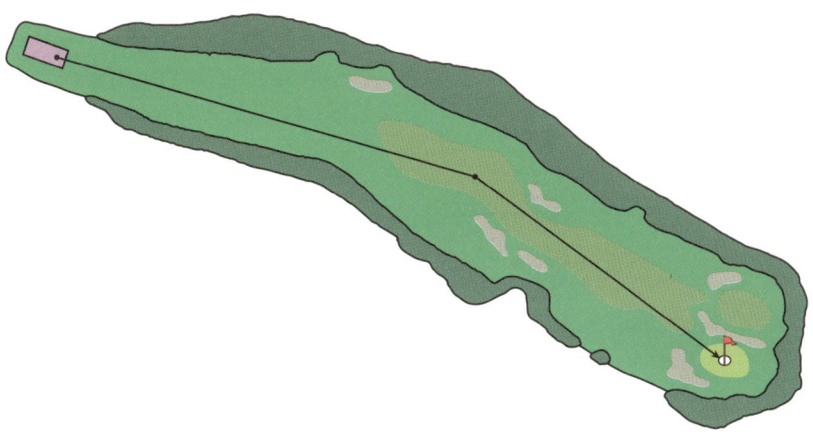

• PAR 5

431m^(여자는 367~526m를 권장)이상의 홀인데 3타로 볼을 그린에 올리고 2회의 퍼팅으로 홀 아웃 하는 것이 기본파이다.

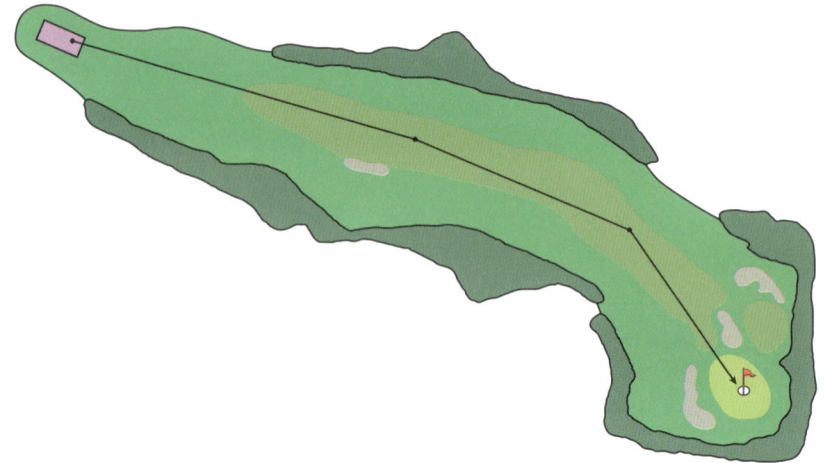

탑프로와 함께하는
재미있는 골프

Chapter 07.

그립의 종류

탑프로와 함께하는
재미있는 골프

Chapter 07.
그립의 종류

그립^(grip)이란 골프클럽을 잡는 것을 말하며 이 잡는 방법에 따라 스윙과 파워가 달라져 스코어에 큰 영향을 미치며 완벽한 그립은 없다.

그립의 종류는 잡는 형태에 따라 일반적으로 크게 인터로킹그립^(interlocking grip), 오버래핑그립^(overlapping grip), 내추럴그립^(natural grip) 등 세 가지로 나누어진다.

인터로킹그립^(interlocking grip)은 왼손 검지와 오른손 새끼손가락이 서로 깍지가 끼워져 잡는 방법이며, 손가락이 작은 사람에게 유리하고 일체감이 있는 장점이 있다. 또한 왼손이 오른손보다 강할 때 이 그립을 사용하면 양손의 힘이 비슷해진다. 잭 니클라우스가 대표적으로 이 그립을 사용하고 있으며 그는 이 그립이 보다 다른 그립보다 자연스럽고 초보자한테도 배우기 쉽다고 강조한다.

오버래핑그립^(overlapping grip)은 프로골퍼 바든 이 고안해서 바든 그립^(vardon grip)이라고도 하며 왼손은 검지 위에 오른손 새끼손가락을 걸쳐 잡는 방법으로 두 손 사이에 일체감이 있는 장점이 있으나 인터로킹그립^(interlocking grip)에 비해서 결합성이 약한 단점이 있다. 또한

인터로킹그립

인터래핑그립

내츄럴그립

왼손은 다섯 손가락이 다 씌어져 파워가 있고 오른손이 약해져 양손의 힘이 비슷하게 사용된다. 대부분의 프로들이 이 그립을 이용하고 있다.

내츄럴 그립(natural grip)은 베이스볼 그립(baseball grip) 혹은 텐휭거 그립(ten-finger grip)이라고도 하며, 잡기가 쉬워서 힘이 약한 사람이나 노인층 등이 주로 많이 사용하고 있다. 그러나 파워는 있지만 손목의 회전의 빨라져 임팩트 존이 짧아져서 방향성이 좋지 않고 왼손과 오른손이 서로 연결되어 있지 않아서 일체감이 떨어지는 단점도 있다. 메이저 대회에서 우승한 Bob Rosburg와 Jame Geddes가 사용하였다.

이 세 종류의 그립은 볼의 비행거리나 구질을 만드는데 따라서 다시 스트롱 그립(strong grip), 뉴츄럴 그립(neutral grip), 위크 그립(weak grip) 등으로 나누어진다.

뉴츄럴 그립(neutral grip)은 스퀘어그립(square grip)이라고도 하며 어드레스 상태에서 위에서 볼 때 왼손의 너클(knuckle)이 한 개 반 정도 보이고 왼손엄지 위에 오른손 엄지 바로 위에 포개져서 잡는 방법으로 거리는 많이 나지 않지만 방향성이 좋다. 그리고 어드레스의 자세에서 오른손에 엄지와 검지사이에 V표시가 턱을 향하며 임팩트 때 클럽의 페이스가 스퀘어로 되어 볼이 똑바로 날아간다. 스트롱 그립(strong grip)은 훅 그립(hook grip)이라고도 하며 왼손의 너클(knuckle)이 위에서 볼 때 두개이상 보이고 왼손의 엄지가 오른손의 엄지와 포개지지 않고 오른쪽으로 뉘어져 잡는 방법이다. 어드레스의 자세에서 오른손에 엄지와 검지사이에 V표시가 오른쪽 턱으로 향하고 임팩트 때 클럽의 페이스가 약간 닫혀있어 거리가 많이 나고 약간 훅(hook)성이 난다. 거의 많은 프로들이 이 그립을 사용하고 있으며 유명 선수로는 David Duval과 Fred Couples가 있다. Duval은 왼손의 너클 을 네게나 보이게 잡는다. 위크 그립(weak grip)은 슬라이성 그립이라고도 하며 왼손의 너클(knuckle)이 하나가 보이거나 혹은 보이지 않게 잡으며 오른손은 왼손의 검지를 덮어씌우고 잡는 방법이며 어드레스의 자세에서 오른손에 엄지와 검지사이에 V표시가 왼쪽의 턱을 향하고 임팩트 시 클럽의 페이스가 약간 열려 있어서 슬라이스가 난다.

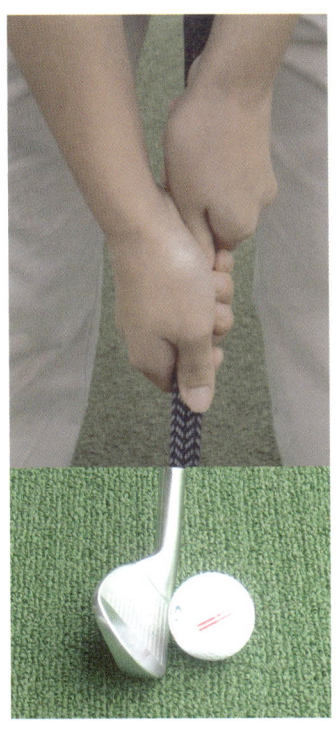  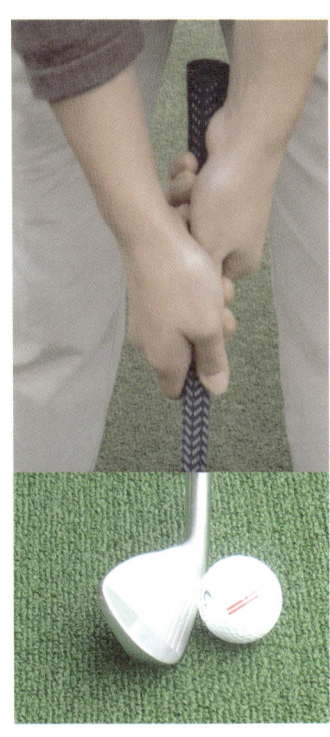

| 뉴츄럴 그립(neutral grip) | 스트롱 그립(strong grip) | 위크 그립(weak grip) |

Corey Pavin은 위크 그립을 이용하며 그의 거리는 많이 나가지 않지만 훅을 방지할 때 이 그립이 좋다. 잡는 방법으로는 먼저 그립이 왼손의 네 손가락과 손바닥이 겹치게 한다. 즉 왼손의 엄지손가락 중간에서 시작하며 새끼손가락의 손바닥 안쪽에 겹치게 한다. 오른손은 네 손가락만이 걸치게 한다. 왼손의 엄지는 그립의 중앙에서 약간 오른쪽으로 엄지손톱 반개정도 기울게 잡고 오른손의 생명선에 접촉되도록 잡는다. 잡는 강도는 너무 세지 않고 너무 약하지 않게 즉 비가 올 때 우산을 잡는 정도로 하면 좋다. 그리고 임팩트 때 클럽 페이스가 스퀘어로 정확하게 맞으면 자신에 맞는 완벽한 그립을 사용한다고 할 수 있다.

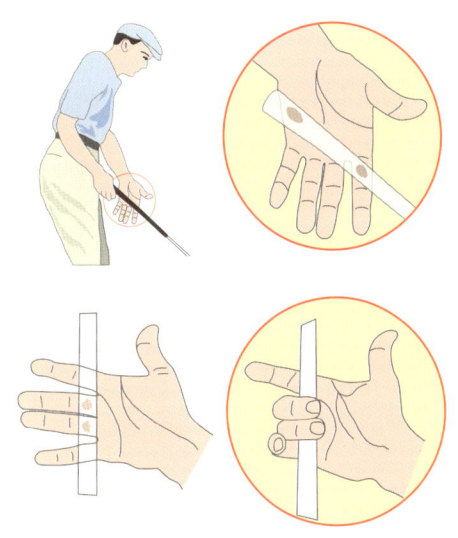

만일 왼손이 너무 클럽의 위를 잡거나 오른손이 너무 아래를 잡으면 다운스윙에서 클럽페이스가 클로즈 되어 왼쪽을 겨냥하게 되는 경향이 있다. 이런 샷은 볼이 낮게 뜨고 좌측으로 훅이 나

게 된다. 양손이 너무 왼쪽으로 가 있으면 그립이 약해지고 클럽페이스가 열려 샷의 파워가 떨어지고 슬라이스가 생겨 볼은 우측으로 가게 된다.

클럽 그립에는 그립앤드 가까이에 라인 한 줄이 표시되어 있다. 이 라인에 왼쪽 손바닥 바깥 가장자리를 맞추고 쥐는 것이 그립의 바른 위치이다.

위치 외에도 그립을 잡는 힘 또한 스윙에 큰 영향을 미친다. 힘을 너무 가하면 상체에 힘이 들어가 스윙이 자연스럽게 휘둘러지지 않는다. 반대로 가볍게 잡으면 스윙 중 클럽이 돌아가 페이스 방향이 바뀐다. 그립을 잡았을 시에 스스로 자유자재로 클럽을 휘두를 수 있을 정도가 좋다.

《 잡는 순서 》

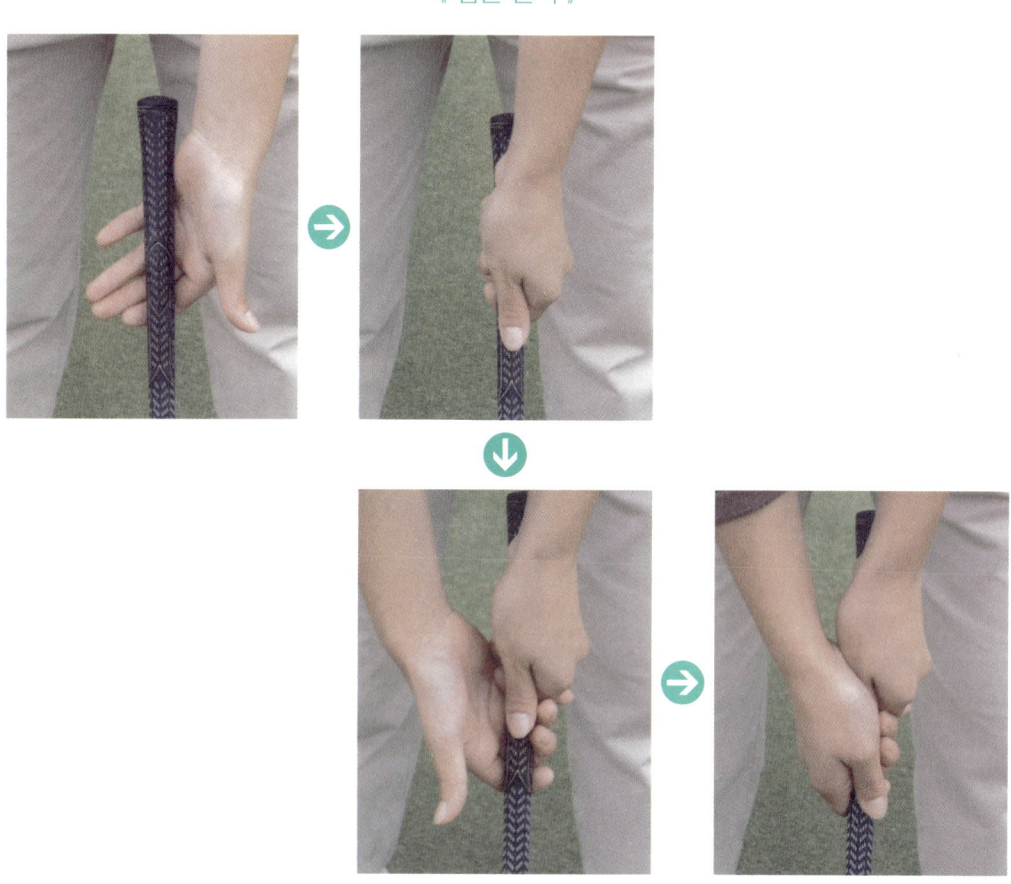

탑프로와 함께하는
재미있는 골프

Chapter 08.

진자의 원리

탑프로와 함께하는
재미있는 골프

Chapter 08.
진자의 원리

　진자란 고정된 한 축을 중심으로 원을 그린 채 주위를 일정한 주기로 움직이는 것을 말한다. 예를 들어 시계의 추가 왼쪽과 오른쪽으로 정해진 궤도로 일정한 속도로 왔다 갔다 하는 것과 같다. 골프에서도 진자의 원리처럼 몸과 팔을 축으로 해서 클럽이 일정한 궤도를 그리며 움직이는 것이다. 이 원리처럼 중심의 축이 무너진다든지 또한 축이 이동을 하지 않았는데 클럽이 너무 늦거나 빨리 떨어진다면 제대로 파워를 내기가 어렵다. 다시 말하면 다리의 축을 중심으로 두 다리를 거의 이동하지 않은 채 히프는 약간 이동 되어 지고 어깨와 팔을 오른쪽으로 최대한 꼬아서 그 반동으로 하체의 이동과 함께 그 꼬인 것을 풀어 볼 때린 후 그 힘에 의하여 팔로스루를 자연스럽게 왼쪽으로 올라가게 하는 것이다. 즉 어깨 턴과 동시에 클럽이 자연스럽게 올라가고 하체의 이동에 의해 다시 자연스럽게 그 클럽 무게와 양팔의 이끄는 힘에 의해서 내려와야 한다. 이때에 양팔과 어깨는 삼각형을 이루어 한 일체감(Unit)을 만들어 같이 움직여 줘야한다. 이 동작을 할 때는 최대한 긴장을 푼 상태에서 힘을 빼야 자연스러운 클럽의 무게감과 체중이동의 느낌을 감지할 수 있다. 스윙에는 일반적으로 어드레스, 테이크 어웨이, 헬프 오브 백스윙, 탑 오브 더 백스윙, 헬프 오브 다운 스윙, 임팩트, 헬프 오브 피니쉬, 피니쉬 등의 순으로 나누는데 이 단계의 순으로 클럽을 떨어뜨리면서 연습하면 좋은 효과가 있다.

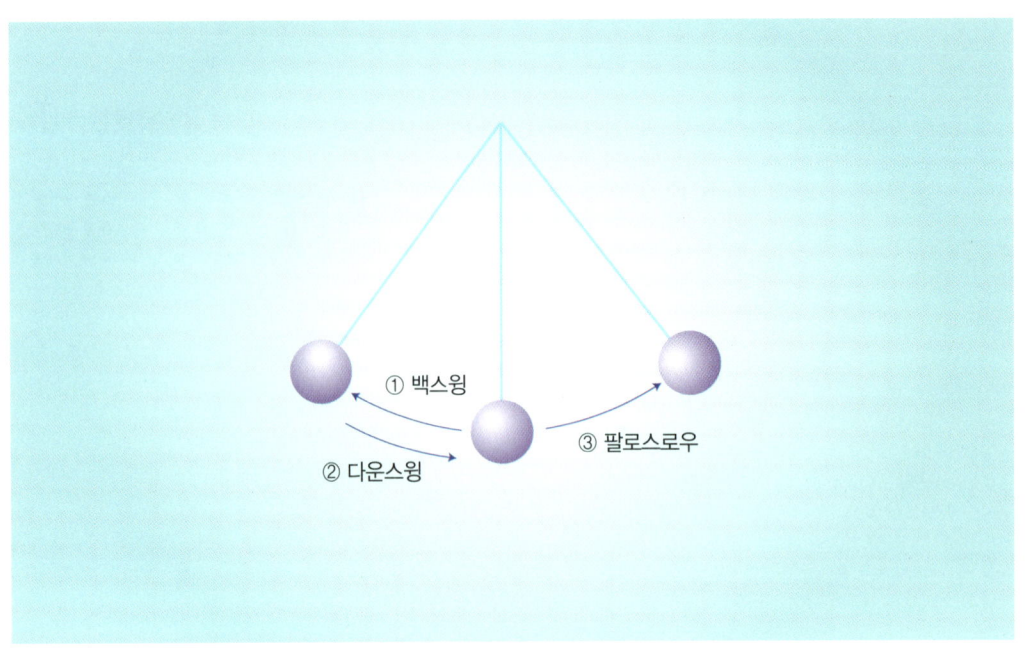

탑프로와 함께하는
재미있는 골프

Chapter 09.

스윙(swing)

탑프로와 함께하는
재미있는 골프

Chapter 09.
스윙(swing)

　골프 스윙의 단계는 어드레스에서부터 피니쉬 까지 한 피스의 동작으로 끝나지만 가르치기 쉽게 여러 동작으로 나누다 보니 지도자나 학자마다 구분과 명칭을 달리하여 혼선을 주기도 한다. 하지만 여기에서는 구분 동작으로서 단계마다 서로 특색 상 구분하기 쉽게 분별이 되는 단계로 이해하기 쉽게 규정하여 어드레스, 테이크 어웨이, 헬프 오브 백스윙, 탑오브 더 백스윙, 헬프 오브 다운 스윙, 임팩트, 헬프 오브 피니쉬, 피니쉬의 8단계로 하여 설명하였다. 이 8단계는 많은 프로가 전통적으로 사용하는 스윙으로 체계적으로 설명하였고 최근 유행하는 스윙에 대해서도 소개하였다.

1. 스윙의 8단계

1) 어드레스(address)

　어드레스란 플레이어가 스탠스를 취했거나 취하지 않았거나 에 상관없이 단지 클럽을 볼 바로 앞이나 볼 바로 뒤의 땅에 대었을 때를 "볼에 어드레스" 한 것이 된다. 올바른 어드레스는 기본적으로 다리를 어깨 넓이만큼 벌린 상태에서 히프를 약간 뒤로 빼고 허리를 약간 굽히며 양 무릎을

조금 굽힌 상태로 허리부터 목까지 자연스럽게 펴진 상태가 되어야 올바른 어드레스이다. 그러나 요즘에는 실력이 우수한 많은 PGA프로들의 자세를 분석을 해본 결과 등을 쭉 펴지 않고 약간 굽은 선수도 있는 것으로 나타났다. 만일 어깨가 똑바로 펴 있으면 좋겠지만 굽혀 있을 경우 똑바로 펴기 위해 허리를 앞으로 집어넣고 히프를 뒤로 빼어 어깨를 펼 때에 긴장도 되고 허리도 아파서 자연스럽지 않아 오히려 역 효과가 나서 결과가 좋지 않아 일부러 펴서 근육을 긴장시키게 할 필요가 없다.

  오른쪽 어깨는 왼쪽에 비해서 약간 기울어진다. 그 이유로는 오른손잡이를 기준으로 할 때 오른손이 밑으로 내려가서 이 기울기로 인하여 잡기 때문이며 이것이 백스윙 때 어깨가 자연스럽게 턴을 할 수 있는 장점이 있다. 위 그림에서 보듯 선수마다 자신의 자세가 있는데 첫번째 사진 황아름 선수와 두번째 김지영 선수는 왼발, 오른발 체중 비율을 5:5로 하였으나 세번째 김성호 선수와 네번째 김우찬 선수는 오른발에 체중을 더 두었다. 보통 선수들은 비슷하게 두는데 저스틴 토마스 선수는 왼발에 52, 오른 발에 42의 비율로 어드레스를 하였다.

  무릎을 약간 굽힌 이유는 임팩트 때, 파워가 무릎반동으로 인해서 강해지며 허리에도 무리가 가지 않게 하기 위해서이다. 굽히는 정도는 위에서 볼 때 신발의 앞부분이 보이는 정도가 좋다. 대개 선수들은 스텐스에 있어서 발끝의 방향은 양발을 수직으로 하든가, 30도 각도로 서로 벌려주든가 오른다리를 수직으로 하고 왼다리를 벌려주든지 등의 여러 가지의 방법이 있다. 스탠스에 있어서 발끝방향에 대한 근본원리는 양발을 11자의 모양의 수직으로 하면 오른쪽이나 왼쪽으로 회전을 많이 할 수는 없지만 양발에 대한 축의 지탱을 좀 더 잘 할 수가 있고 오른발을 오른쪽 방향으

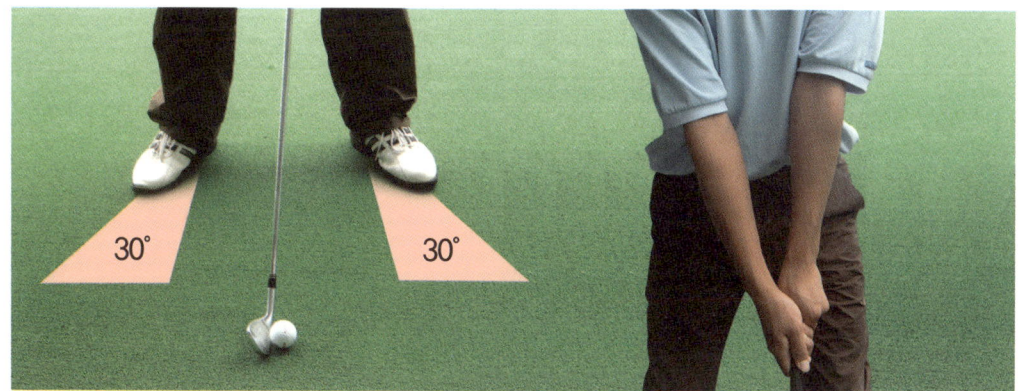

로 틀어주면 오른쪽 방향으로 몸을 더 회전할 수 있어 백스윙을 하는데 수월하고 왼발을 왼쪽방향으로 벌려주면 왼쪽 방향으로 몸을 더 회전할 수 있어 체중이동과 피니쉬를 하는데 편하다. 예를 들어 백스윙을 할 때 오른다리가 밀리면 지탱을 좀 더 잘 할 수 있게 하기 위해서 오른발을 11자의 방향의 수직으로 스탠스를 취하는 것이 좋고 만일 백스윙을 원활하게 좀 더 많이 하기를 원한다면 오른쪽 방향으로 20~30°로 벌리는 것이 좋다. 또한 임팩트 때 왼발이 밀리면 이것을 지탱하기 위해서 왼발모양을 1자 직선으로 스탠스를 취하는 것이 좋고 만약 임팩트 후에 Follow throw을 원활하게 하기 위한다면 왼발을 20~30°를 오픈 하는 것이 좋다. 아래의 그림은 양발의 각도 30°정도로써 백스윙과 Follow throw을 원활하기 위한 것이다.

　양팔은 주먹이 복부에서 하나나 두, 세 개 정도의 공간을 가지고 축 늘어트린 상태로 왼팔은 펴고 오른팔은 약간 굽혀진 자세가 좋으며 오른쪽 방향에서 볼 때 왼팔이 오른팔에 가려지지 않고 약간 보여야 한다.

　스탠스는 일반적으로 5번 아이언을 기준으로 하였을 때 어깨넓이로 하여야 하며, 5번 아이언보다 번호가 낮아질수록(4번, 3번, 2번 등) 스탠스가 넓어지고 높을수록 스탠스가 좁아진다. 보통 클럽에 대한 체중으로 선수마다 차이가 있으나 보통 샤프트가 긴 채를 이용할 때 왼발에 체중을 많이 실어 주는데 5번 아이이언의 경우 미들아이언으로 양발의 체중 비율이 50% 대 50%로 하는 것이 정도가 좋다. 스탠스의 종류는 여러 가지가 있다. 그중 가장 기본적인 것은 스퀘어(양쪽발이 일직선), 오픈오른쪽(발이 열린 것), 클로즈(오른쪽발이 닫힌 것)등이다. 이중에서 일반적인 스탠스는 스퀘어이다. 스퀘어 스탠스는 어드레스를 했을 때 몸의 앞쪽 방향으로 양발을 직선으로 뻗는 것이다. 일반적으로 선수들이 많이 이용하는 무난한 발의 방향은 두발을 앞으로 일직선보다 약간 양쪽으로 벌리는 것이다. 오픈 스탠스는 왼쪽 발을 뒤로 조금 빼거나 왼쪽 발을 그대로 두고 오른쪽 발을 약간 위로 내딛는다. 오픈 스탠스(열린상태)는 비거리보다는 방향성을 위주로 한 스탠스이다. 몸이 조금 열린 상태여서 스윙의 크기가 작아지기 때문이다. 클로즈 스탠스(닫힌상태)는 오픈 스탠스와는 반대로 오른쪽 발을 조금 뒤로 뺀 상태나 오른발은 그대로 하고 왼발을 약간 위로 한 것이다. 스탠스가 오픈과는 반대이기 때문에 스윙이 쉽고 백스윙의 회전 또한 좋다. 그러나 팔로 스로우가 원활 하지 않고 또한 그런 스윙에서 나오는 비거리에 비해 방향성은 상당한 주의를 기울여야할 것이다.

볼의 위치는 드라이버를 기준으로 할 때 프로의 경우 볼과 발의 위치를 동시에 조절한다. 드라이버 같은 경우 왼발 뒤꿈치의 연장선에 두는 것이 가장 일반적이며 왼발 뒤꿈치의 연장선상을 기준으로 클럽이 짧아지고 스탠스가 좁아짐에 따라 볼의 위치는 오른발 쪽으로 이동하게 한다. 이는 히팅(볼이 클럽에 맞는 상태) 타이밍에 차이가 있기 때문이다. 그러나 대체로 아마추어는 7번 아이언을 기준으로 할 때 양쪽 발 사이에 볼을 놓고 클럽이 길 때는 볼을 왼쪽 방향으로 짧을 때는 오른쪽으로 놓는다. 프로와 아마추어와 서로 다른 이유는 프로는 아마추어에 비해 체중이동이나 임팩트 스윙 궤도 등이 더 정확하기 때문이다. 이와 같이 스탠스 넓이와 볼의 위치는 클럽에 따라 변하지만 그립을 잡는 손목의 위치는 볼을 특별하게 보내려고 하지 않는 이상 변하지 않는다. 늘 왼쪽 허벅지와 배꼽 중간사이가 적당하다.

Alignment란 일직선으로 정렬시킨 다는 뜻인데 어깨선과 무릎, 히프, 양발이 보내려 하는 타켓에 모두 직선으로 되어있어야 한다. 샷을 할 때 슬라이스나 혹은 훅이 나면 얼라이먼트가 제대로 되어있는지 또는 그립을 제대로 잡았는지 체크해 봐야한다.

어드레스 자세로는 먼저 5번 아이언을 기준으로 할 때 어깨넓이로 발을 벌리고 똑바로 서서 팔을 뻗는다. 다음으로 무릎을 약간 굽히며 뻗혀있는 손을 아래로 느려 뜨린다 마지막으로 어깨와 팔의 힘을 뺀 상태에서 볼을 쳐다보며 히프를 뒤로 뺀다. 중요한 점은 어깨선을 직선으로 하여 양팔이 역삼각형이 되어야한다. 이때 왼쪽 히프를 약 1㎝ 정도 왼쪽으로 밀어주고 고개는 오른쪽으로 잭 니클라

우스처럼 돌려주면 머리의 움직임도 줄어들고 백스윙도 자연스럽게 되어 좋다.

셋업은 어드레스와 같은 맥락으로 자세라는 의미로 쓰이는데 몇 가지의 자세가 있다. 티샷의 셋업에 대해서 얘기한다면 첫 번째로 티그라운드에 올라서서 오른손에 클럽을 들고 타켓을 향하여 볼을 보낼 지점을 정한다. 두 번째로는 오른손에 클럽을 든 상태로 볼 뒤에 클럽페이스를 맞춘다. 세 번째로는 클럽페이스를 맞춘 상태에서 왼손을 맞잡고 허리와 히프를 약간 굽히며 스탠스를 정한다. 마지막으로 타켓을 다시 한 번 본 후에 볼을 보면서 양손과 어깨에 긴장을 풀고 편안 한 자세로서 샷 할 준비를 한다. (타켓을 향할 때에는 먼저 클럽페이스를 타켓 쪽으로 향하고 어깨와 히프 무릎 선은 타켓과 평행하게 맞춘다. 예를 들어서 철도의 두 레일을 절대 만나지

않고 평행으로 이루어지는 데 이러한 철도의 레일처럼 골프에서도 생각할 때에 위에 레일을 타켓이라고 생각하면 위쪽의 레일을 홀에 꽂인 깃발 선이라고 생각하고 치면 된다)

셋업을 할 때 중요한 사항은 먼저 티 그라운드에 올라섰을 때 두 번 정도 부드럽게 스윙을 하는 것이 좋다. 그 이유는 근육이 자연스럽게 풀어지고 올바른 스윙의 궤도를 느끼게 하 기 위함 이다. 또한 Waggle도 중요한데 Waggle이란 샷을 하 기 직전에 클럽, 손, 손목, 팔 등의 준비운동이며 클럽을 그라운드에서 띈 상태로 클럽을 자연스럽게 좌우로 흔드는 것을 말한다. 잭 니클라우스는 이 이유로써 근육의 긴장이 풀어지고 볼이 펑 커에 들어갔을 때 모래를 묻히지 않고 꺼낼 수 있는 연습을 할 수 있기 때문이라고 하였다. 근육이 긴장되었을 때는 힘이 들어가기 때문에 좋은 샷을 기대할 수 없다. 따라서 셋업을 한 후 샷하기 직전에 한두 번 왜글 을 하는 것이 좋으며 골퍼마다 자신의 독특한 Waggle이 있다.

2) 테이크 어웨이 (take away)

테이크 어웨이(take away)는 어드레스 상태에서 약 10~20㎝ 오른쪽 방향 직선으로 클럽을 밀어준

다. 이때에 팔만 밀어주는 것이 아니라 그립 끝이 배꼽을 향한 상태에서 팔, 어깨, 몸통 등 몸 전체가 한 몸이 되어 움직여 준다. 금세기 최고의 교습가인 데이비드 레드베터는 배꼽 회전법을 강조한 사람으로 연습방법으로 그립 끝이 배꼽에 닿도록 손을 그립 아래로 내려 잡고 테이크 어웨이를 시도하라고 제안한다. 체중 이동은 어드레스보다는 약간 오른쪽으로 이동하는 상태이나 허리의 움직임은 별로 없으며 양손은 오른쪽 호주머니 정도까지 나온다. 이때에 왼팔은 펴져 있는 상태이나 오른팔은 약간 구부려지기 시작한다. 아일랜드 태생의 크리스티 오코너 주니어는 오른쪽 포켓을 손으로 끌듯이 움직여 주면 손과 발이 아닌 몸 전체가 부드럽게 움직인다고 오른쪽 엉덩이를 이용하라고 조언했다. 이때에 양손이 긴장하지 않고 자연스럽게 움직여 주는 것이 무엇보다 중요하다.

또한 시선은 볼을 향하고 있어야 하고 클럽을 든 양팔의 근육은 긴장이 되어 있으면 안 된다. 만약 클럽을 쥔 손목만이 팔과 몸통과 분리되어 따로 밀어준 경우에는 양 겨드랑이가 떨어지면서 코킹이 빨리 된다. 따라서 양 겨드랑이를 붙이고 그립 끝이 배꼽을 향한 것을 인식하면서 팔과 어깨의 역삼각형이 동시에 한 유니트(unit)가 되어 움직이어야 한다. 이때 팔과 어깨가 이루는 역삼각형은 왼쪽의 어깨와 히프 그리고 왼쪽 무릎을 오른쪽 방향으로 움직여야 하며 클럽을 잡은 두 손이 오른쪽 장단지에 올 때 까지를 테이크 어웨이로 보면 된다. 그림에서 안선주 선수를 볼 때 클럽 헤드가 양발과 평행으로 오기 20~30°에서 멈춰야 올바를 테이크 어웨이이다. 만일 평행선까지 온다면 백스윙 때 클럽이 뒷쪽으로 나가서 몸의 밸런스가 맞지 않게 되며 체중은 오른발에 약간 더 실어준다.

3) 헬프 오브 백스윙(half of back swing)

헬프 오브 백스윙(half of back swing)은 클럽이 무릎 및 발끝 선과 오른쪽 평행으로 일직선상에 있는 상태이며 왼팔은 쭉 펴진 상태이나 오른팔은 조금 구부려진 상태이다. 오른쪽 히프는 백스윙으로 인한 체중이동으로 인해 어드레스 때보다 오른쪽으로 약간 나오지만 너무 많이 밀려서는 안 된다. 이때까지는 코킹이 테이크 어웨이 후 양손과 클럽의 각도는 약 90°가 되는 게 좋다. 이때에 클럽헤드의 토우는 하늘로 향하여 있으며 약간 닫혀 있는 것도 괜찮다. 이때부터 탑 오브 더 백스윙까지는 전체적으로 조화를 이루면서 코킹이 자연스럽게 이루어지며 왼쪽의 무릎은 오른쪽의 방향으로 약간 기울기 시작한다. 그러나 왼쪽의 발바닥은 지면에 붙어 있는 것이 좋다. 1900년 초기에는 백

스윙 때 왼발 뒤꿈치가 떨어졌는데 그 이유로는 라운딩을 할 때에 타이를 매고 양복을 입는 등 캐주얼한 복장이 아니어서 신체의 움직임에 제한을 주었기 때문이다. 이러한 영향은 실제 복장에 관계가 없더라도 몇몇의 프로들은 여전히 백스윙을 할 때에 왼 발꿈치를 들었는데 그 이유로는 백스윙 후 다운스윙 때 왼발을 내딛으며 체중이동이 원활하게 된다고 생각하기 때문이다. 그 한 예가 잭 니클라우스이다. 그러나 왼발을 들었을 때 좋지 않은 예는 백스윙 때 몸의 꼬임이 풀리는 단점도 있다. 그러나 나이가 들면 유연성이 부족하기 때문에 약간 왼발을 드는 것은 무관하다.

골프 스윙은 몸의 회전 운동과 팔의 상하 운동이 서로 조합해 이루어진다. 몸은 거의 가로 방향으로, 팔은 세로 방향으로의 움직임이다. 그러나 팔의 움직임도 몸과 같은 방향인 가로 방향으로 많이 올라가게 되면 스윙 궤도가 낮아져 플랫스윙이 되어버리는 경우가 있다. 스윙을 할 때 오른쪽 허리를 기점으로 해서 완전한 옆이 아닌 옆과 위로 올리도록 주의해야 한다. 테이크 어웨이 이후 클럽이 양발 끝을 연결한 직선으로 할 때 헤드가 그 직선까지 오도록 어깨 턴을 하면 클럽이 몸 뒤로 빠질 염려가 있으므로 최소한 직선까지 오기 약 20° 전에서 클럽을 위로 올려주면 어깨턴과 병행을 하기 때문에 뒤로 빠지지 않고 대각선을 이루며 자연스러운 헬프 오브 백스윙이 된다. 몸과 팔이 움직임이 다르듯 상체와 하체의 움직임도 신경 써야 한다. 스윙을 할 때 상체의 움직임에 하체가 따라가면 꼬임이 풀려서 파워가 줄어들기 때문에 오른쪽 무릎 각도를 그대로 유지해 주는 것이 좋다. 양발의 체중은 왼발 오른발 비율 3:7 정도가 바람직하다.

4) 탑 오브 더 백스윙(top of the back swing)

탑 오브 더 백스윙(top of the back swing)은 클럽이 완전히 탑에 머물고 있는 다운스윙 직전까지를 말하며 이때에 클럽페이스는 왼 손목과 일치하는 방향이 좋다. 다시 말하면 왼손의 손등각도와 클럽페이스의 각도가 일치해야 한다. 만일 왼손목이 손등 쪽으로 꺾이면 슬라이스가 나기 쉬우며 손바닥 쪽이 꺾이면 훅이 나가 쉽다. 따라서 손목이 어드레스 때 그립을 잡은 자세 그대로 있어야 한다. 요사이 스윙의 흐름으로는 페이드샷을 선호하기 때문에 왼쪽손목을 약간 오른손 방향으로 기울이는 모양으로 스윙하는 것을 볼 수 있다. 오른팔은 "ㄴ"자 모양으로 90°의 각도를 이루는 것이 좋으며 팔꿈치는 지면을 향하여 수직으로 되어있어야 한다.

"타이거 우즈"는 한 때 백스윙 때 오른쪽의 팔꿈치가 들리어져 안쪽이 지면바닥을 향하여 있었지만 스승인 "부치 하먼"의 도움으로 "ㄴ"자 모양으로 수정하여 좋은 성적을 올렸다. 탑오브 백스윙 때 허리는 45°, 어깨는 90° 이상으로 돌아주는 것이 좋으나 요즘은 허리의 움직임을 최소한으로 줄여서 30°정도로 억제하며 어깨는 125°까지 회전하는 프로도 많아지는 추세이다.

　2011년 코오롱 한국오픈 골프대회에서 우승한 미국 PGA 선수 리키 파울러는 키가 175㎝인데 불구하고 장타를 치는 이유 중에 하나는 어깨를 135°정도나 회전하기 때문이다. 어깨가 제대로 돌아갔는지 확인하려면 다운스윙 바로 전 왼쪽 어깨가 턱 밑에 와 있는지 체크하면 된다. 브리티시 오픈, US 오픈 등 많은 대회에서 우승한 영국의 토니 잭클린 은 백스윙을 끝까지 해주라는 뜻으로 탑에서 잠시 여유를 가지라고 조언한다. 이는 백스윙 탑이 이뤄 지지 않고서는 여유를 가질 수 없기 때문이다. 허리의 움직임은 어드레스에서 헬프 오브 백스윙 때까지 약 2~3㎝정도 오른쪽 방향으로 이동하였으나 탑 오브 백스윙 때는 다시 어드레스와 마찬가지로 이동한 것이 돌아올 뿐만 아니라 반대로 왼쪽으로 약 3㎝정도 더 이동하는 것이 좋다. 그 이유는 어드레스부터 백스윙을 시작할 때 히프가 오른쪽의 방향으로 이동하지만 다시 탑 오브 백스윙일 때는 히프가 약 30~45°의 각도로 턴을 하기 때문이다. 따라서 탑 오브 더 백스윙 때는 어드레스보다 약 2~3㎝ 정도 히프가 왼쪽으로 이동 하는 게 바람직하다. 이 자세가 되었을 때 척추가 약간 오른쪽으로 되어있어 피벗

(pivot)이 거꾸로 기울지 않으며 다운스윙 시작 시 곧바로 체중이동과 함께 임팩트로 연결하기가 용이하기 때문이다. 만일 오른쪽 히프가 V자 모양을 그리며 왼쪽으로 들어가는 대신 오른쪽으로 U자를 그리며 나온다면 피벗도 거꾸러져서 다운스윙을 곧바로 할 수 없어 임팩트를 위해 히프를 다시 왼쪽으로 밀어야 할뿐만 아니라 왼다리에 힘이 실리지 않은 상태에서 임팩트를 하게 되어 불필요한 시간과 힘을 허비하게 된다.

머리는 가능한 움직이지 않는 것이 좋으나 어깨가 턴을 하기 때문에 아주 움직이지 않을 수는 없다. 따라서 머리는 약 5㎝ 정도 안에서 수평으로 이동하는 것은 무방하다. 그러나 머리가 어드레스 후부터 움직인 후에 다운스윙하여 임팩트 때까지 머리가 왔다 갔다 움직여서는 안 되고 그 후에 자연스럽게 어깨를 따라 움직이는 것이 좋다. 클럽과 어깨의 뒤쪽으로의 거리는 30㎝ 이상이 좋으며 클럽의 샤프트는 어깨와 평행을 이루거나 약간 높은 것이 좋다. 이 이유로서는 어깨 턴을 파워로 연결시킬 수 있기 때문이며 키가 큰 사람은 일반적으로 어깨와의 거리가 짧은 업라이트 스윙을 키가 작은 사람은 플렛 스윙이 좋다. 위의 왼쪽 위 사진은 KPGA 신인왕전과 윈터 투어에서 우승한 김우찬 선수의 스윙인데 어깨 회전을 충분히 하고 오른 다리가 밀리지 않게 버텨주고 축이 살아있어 다운스윙을 하기가 수월하다.

5) 헬프 오브 다운 스윙 (half of down swing)

헬프 오브 다운 스윙(half of down swing)은 미세하나마 먼저 발, 무릎, 히프, 어깨, 팔, 손목, 순으로 움직여야 한다. "벤 호건"은 왼쪽 히프가 먼저 움직여야 좋다고 했으며 "리드 베터"는 왼쪽 무릎이 먼저 움직이는 것이 좋다고 강조했고 호주의 로저 데이비스 선수 역시 왼쪽 무릎을 목표 방향으로 돌려주라고 했으며 일본의 유명 프로는 왼발의 엄지발가락, 다음에 검지발가락이 먼저라고 했다. 사실 발이나 히프 무릎은 왼 다리의 축을 이루는 신체의 부분이므로 힘이 실린 다운스윙을 하려면 아무래도 발이 축이 되어 지면을 수직으로 내려 밟듯이 힘을 주는 것을 시작으로 한다. 그 뒤 히프와 무릎을 같은 축으로 동시에 옆으로 슬라이드 하면서 왼쪽으로 팽이 돌리듯이 회전을 한다. 골프의 전설적인 존재인 벤 호건은 거리를 내기 위해서는 왼 허리를 강하게 회전해야 한다고 강조했다. 리키 파울러는 어느 프로보다 많이 다운스윙 때 무릎을 왼쪽으로 많이 리드하여 돌리면서 젖히는 것으로 유명하다. 이런 상태에서는 클럽이 엎어 치지 않고 인에서 아웃 쪽으로 강하게 스윙을 할 수가 있다. 만일 워밍업을 하지 않고 유연성이 없는 상태에서 허리를 동반하지 않고 오직 무릎만을 돌린다면 부상을 당할 수도 있으므로 주의해야 한다.

그 뒤 바로 따르는 동작으로서 배근육과 어깨를 왼쪽으로 잡아당긴다. 브리티시와 각종 대회에서 우승한 호주 출신의 베이커 핀치는 오른쪽 어깨를 힘차게 돌리면서 왼쪽 어깨를 잡아당기라고 하였다. 이때 오른발 뒤꿈치는 왼쪽을 향해 엄지발가락이 지면에 닿아있는 상태에서 오른쪽 무릎이 왼쪽 무릎 쪽으로 살짝 기울어져야 한다. 머리는 여전히 오른쪽 장딴지 위에 있어야 되고 오른팔은 수직 하강으로 옆구리 쪽에 거의 가깝게 붙을 정도 간격으로 내려온다. 5㎝ 수직 하강 하는데 거리가 12야드 더 나간다는 통계가 나와 있듯이 프로골퍼 가르시아의 스윙을 분석해보면 다운스윙 때 팔이 많이 직선으로 하강하는 것을 볼 수 있다. 그렇기 때문에 비거리가 체격에 비해서 많이 나간다. 이때 주의할 점은 단지 팔로만 내려오는 것이 아니고 하체가 리드를 하고 상체를 돌리면서 병행해야 파워를 실을 수 있다. 만약 팔과 어깨만으로 하게 되면 헤드 스피드가 떨어지게 될 뿐만 아니라 오른쪽 어깨가 나오게 되므로 슬라이스성의 볼이 나온다. 1935년 남아공화국 출신의 게리 플레이어는 무려 100승을 한 골프계의 살아있는 신화인데 백스윙 톱에서 다운스윙으로 이어질 때 왼팔을 당기는 기분을 갖도록 하여라고 하였다. 왼손을 끌어내리는 동작이 잘되면 체중을 왼쪽으로 옮기는 것도 자연스럽게 잘 된다. 다리의 동작은 둥근 항아리를 양다리로 잡고 있는 과정이 있어야 된다. 이 상태가 되어야 인에서 아웃이나 인 스윙이 되고 체중이동이 된다. 스코틀랜드 락스 출신의 프로이고 라이더컵의 스타인 샘 토런스는 체중을 왼쪽에서 오른쪽으로 그리고 오른쪽에서 왼쪽으로 이동할 수만 있다면 스윙의 절반은 완성된 셈이라고 했다. 이점에서 골퍼들에게 왼쪽 발가락 끝에서 오른발 뒤꿈치로, 그리고 오른발 끝에서 왼발 뒤꿈치로 체중이동을 연습하게 하였다. 그리고 백스윙 톱에서 왼쪽 무릎이 볼을 향해 있게 하고 볼을 칠 때는 오른쪽 무릎이 볼이 향하게 하는 방법이 좋다고 했으며 하체를 제대로 움직여야 한다고

강조했다. 양 어깨의 라인은 타깃 선상에 대해 닫혀있는 것이 좋다. 이는 몸과 팔이 턴할 때의 타이밍과 리듬을 맞추게 하고 들어 올려치는 것을 방지하며 왼 다리가 밀리지 않는 역할도 한다.

체중이동은 오른쪽에서 왼쪽으로 넘기는데 이것만을 너무 의식한다면 오히려 체중이 몸 바깥 즉 왼쪽으로 밀릴 수가 있다. 슬라이드를 하면서 왼 다리는 옆으로 밈과 동시에 뒤쪽으로 돌아가져야 한다. 체중은 왼쪽 다리의 안쪽에 두는 것이 가장 좋다. 체중 이동이 무너지면 임팩트 시 볼을 정확하게 때릴 수가 없다. KLPGA에서 코스레코드를 수립하고 두 차례나 우승한 미녀골퍼 임지나 선수의 위 사진을 보면 하체를 이용해 다이나믹한 체중 이동을 하는 모습을 볼 수 있다. 이때 오른팔은 체중 이동과 함께 수직 하강으로 내려오면서 자연스럽게 겨드랑이가 붙여지는데 이때 주의할 점은 손등이 다운스윙과 함께 몸의 뒤쪽에서부터 앞쪽으로 올 때 지면을 향해 떨어져야 한다는 것이다. 이때 가능하면 팔이 허리까지 내려올 때까지 코킹을 유지하는 것이 좋다.

6) 임팩트 (impact)

임팩트(impact) 때는 클럽페이스가 스퀘어로 되어있어야 하고 가능한 볼이 클럽페이스의 중앙인 sweet spot에 맞아야 한다. 왼손과 오른손, 그리고 어깨는 일체가 되어 똑같이 움직여야 하며, 하체의 움직임과 밸런스를 잘 이루어야 한다. 체중은 오른쪽에서 왼쪽으로 쏠리며 임팩트 당시에 드라이버의 경우 예전 이론으로는 왼발에 체중이 많이 실려야 비거리가 향상된다 하였는데 실제로 체격에 의한 장타 선수를 분석 결과 왼발 앞 꿈치에 10%, 오른발 앞 꿈치에 90%의 체중이 실리는 것으로 나타났다. 이때 장타 선수들의 양발 모양은 뒤꿈치가 까치발 모양처럼 들리고 마치 땅을 차고 올라가는 모습을 보인다. 마치 멀리뛰기 선수가 멀리 뛰기 위해 웅크린 후 땅을 차고 올라가 듯한 모습과 흡사하다. 이때 만일 왼발 뒤꿈치에 실리면 히프가 빠지거나 클럽이 던져지지 않은 왼팔이 치킨 윙처럼 구부려지기가 쉽고 앞 꿈치에 실리면 인에서 아웃 스윙이 되므로 아크가 커지고 팔로우 스로우가 잘 된다. 골프스윙에 있어서 백스윙이 완벽하면 모든 스윙이 다 잘된다고 백스윙이 가장 중요하다라 는 사람도 있지만 다운스윙에서 임팩트도 무엇보다도 중요하다. "짐 퓨리크"같은 경우 백스윙은 보통 프로와는 달리 8자 스윙을 하지만 다운스윙과 임팩트가 좋기 때문에 좋은 성적을 낼 수가 있다. 왼쪽히프는 어드레스에 비해서 약 15㎝ 타켓을 향해서 옆으로 나간 상태에서 뒤로 돌며 머리는 오른 장딴지 위에 있어야 한다. 왼팔은 펴져 있고 오른팔은 약간 굽혀져 있다. 왼 무릎은 프로마다 다 다르나 어드레스에 비해서 약간 더 펴지는데 어니 엘스는 왼발을 완전히 펴지만 대부분의 프로들은 약간 굽힌다. 그이유로는 완전히 핀 상태보다 조금 굽힌 상태가 힘이 실리기 때문이다. 오른발은 엄지발가락이 지면에 닿아있고 뒤꿈치

는 약간 떨어진 상태로 오른쪽으로 기울어져 있어야 한다. 만일 오른 발꿈치가 들린다면 거의 한 발로 볼을 치는 것과 비슷하기 때문에 파워를 손실한다. 유도나 레슬링 같은 경우도 양발을 완전히 붙인 상태가 안정감이 있고 파워가 있다. 어떤 선수들은 임팩트 때 아예 두발을 완전히 지면에 대고 있고 임팩트 후에 오른발을 떼는데 방향성과 안정감이 있는 장점이 있으나 단점으로는 체중이 약간 왼쪽에 적게 실리는 것과 임팩트 후 근육이 자연스럽게 팔로스로우로 가야되는데 조금 늦게 가게 되어 젊을 때는 괜찮지만 나이가 들어서는 오른 어깨 근육이 이완될 가능성이 있다. 어깨는 약 30° 히프는 어드레스에 비해서 약30~45°정도 왼쪽방향으로 돌아가 있다. 그러나 "그렉 로만"같은 경우는 임팩트 때 어깨가 15°, 히프가 30°정도 열린다. 오른손목은 오른쪽으로 약간 굽혀있는 상태이고 왼 손목은 오른쪽으로 약간 굽혀있어야 바람직하고 왼쪽으로 꺾여 있으면 안 된다.

　임팩트 시 몸의 왼쪽에 벽을 만들라는 말이 있는데 이는 몸을 왼쪽으로 밀리지 말고 최대한 꼬인 몸의 파워를 탄력 있게 왼발이 지탱하라는 의미이다. 이때 왼발을 지탱 했는가 안했는가는 히프의 떨림을 보면 알수 있다. 떨림이 있다면 제대로 된 스윙을 했다는 증거이다. 아무리 왼다리를 지탱 했다 해도 히프의 떨림이 없다면 제대로 된 스윙이라고 볼 수 없다. 이 떨림은 레이트 히트와 왼발을 축으로 지탱하는 것과 연관이 있다. 레이트 히트란 손이 몸보다 늦게 볼에 접근해서 치는 것을 말하는데 1951년 태생의 호주 로저 데이비스는 많은 우승을 했는데 레이트 히트를 강조했다. 즉 양쪽 다리를 어떻게 활용하느냐에 따라 달려있다고 하면서 다운스윙 때 체중이동과 함께 무릎을 목표 쪽 으로 신속하게 움직이면 몸통 회전 뒤에 손이 늦게 따라와 강하게 임팩을 할 수 있다고 하였다. 또한 체중이동과 함께 왼발을 지면바닥 밑으로 힘을 주며 무릎, 히프를 돌림과 동시에 배근육과 왼쪽어깨를 왼쪽방향으로 잡아 당기며 왼다리로 축을 만들어 밀리지 않도록 해야 히프의 떨림이 있는 것이다. 왼손 위주의 다운스윙으로 끌어내림과 동시에 오른팔은 수직으로 자연스럽게 떨어뜨린 후 어깨 턴과 함께 볼을 때린다. 이때에 만일 손목의 코킹을 다운스윙 때부터 임팩트까지 서서히 풀면서 손목을 이용한다면 더 멀리 칠 수 가 있다. 손목을 이용한 스윙은 파워는 있지만 방향성에 문제가 있으므로 특별히 주의를 해야 한다.

7) 헬프 오브 피니쉬 (half of finish)

헬프 오브 피니쉬는 임팩트 후 피니쉬까지의 중간 단계이다. 임팩트 후 왼팔과 오른팔을 쭉 편 상태에서 클럽헤드가 목표 방향으로 향한 상태이며 이때 클럽페이스는 클럽을 허리정도에 직선으로 위로 향해있거나 약간 왼쪽으로 덮여있는 것이 좋다. 열려있으면 페이드나 슬라이스, 위로 향해있으면 스퀘어, 덮여 있으면 드로우나 훅성이다. 또한 왼팔이 바로 펴지지 않고 팔꿈치가 들려서 구부려져 있다면 페이드나 슬라이스가 난다. 머리의 위치는 여전히 임팩트 때처럼 오른 장딴지

위에 놓여있으면 좋으며 볼의 뒤쪽에 놓여있으며 오른쪽 발꿈치는 왼쪽을 향 한 채 지면에서 많이 떨어져 있다.

헬프 오브 피니쉬 체크포인트는 클럽헤이 왼쪽 허리 높이쯤에 위치했을 때이며 샤프트가 비구선과 평행해야 바람직하다. 이 시점을 지난 후부터는 피니쉬 전까지는 클럽을 안쪽으로 빼지 말고 위로 올려준다는 기분으로 던져준다. 그러면 어깨턴이 자연스럽게 되기 때문에 대각선으로 올라간다. 이때 왼쪽 팔꿈치는 자연스럽게 지면을 향하도록 접어지고 오른쪽 팔은 뻗어진다.

임팩트 후 이지점에서 스윙 아크가 클수록 헤드 스피드가 올라가고 그만큼 비거리도 난다. 스윙 아크를 크게 하려면 오른쪽 어깨를 비구선 방향에 수평으로 돌려주며 턱 아래로 오른쪽 어깨가 통과할 정도까지 머리를 들지 않는 것이다. 이후에 머리는 자연스럽게 날아가는 볼을 쳐다보면서 왼다리에 남아있는 체중이 거의 실리기 시작한다.

8) 피니쉬(finish)

피니쉬는 스윙의 마지막 단계이며 스윙의 결과라 할 수 있는데 이것만 보고도 스윙이 잘됐는지 못됐는지를 알 수 있다. 왼손은 자연스럽게 굽혀지고 몸과 함께 안쪽으로 자연스럽게 돌아간다. 이때 방향은 45° 대각선 쪽으로 뻗어진 상태에서 안쪽으로 돌아가는 것이 좋다. 이는 탑 스윙과 는 반대 위치이고 대칭되는 자세이다.

체중은 왼쪽 발에 거의 실리는 것이 좋으며 스윙이 끝난 후 왼발 하나로도 설수 있는 피니쉬가 바른 피니쉬의 자세이다. 만약 스윙이 끝난 후에도 오른발에 체중이 실려 있다면 바디 을 이용한 스윙이 되지 않았다는 증거이다. 상체가 목표를 향하게 하는 것이 좋으며 유연성이 좋으면 타켓을 지나 왼쪽까지 향해진다. 이때 상체는 똑바로 서 있는 것 보단 오른쪽 방향으로 눕혀져 있는 것이 이상적인데 그 이유로는 바로 서 버리면 임팩트 후 헤드가 길게 뻗지 못하고 바로 올라가 버리지만 임팩트 후에도 상체를 세우지 않고 임팩트 자세를 유지하면서 몸통과 헤드를 타겟 방향으로 돌려주기만 하면 된다. 피니쉬 자세에서 클럽의 모양은 왼쪽 귀 옆에서 허리 쪽 으로 늘어뜨린 자세가 바람직하나 만일 강한 스핀을 넣어 볼을 세우려 할 때는 클럽이 밑으로 떨어뜨리지 않고 어깨와 동시에 클럽이 옆으로 간다. 왼팔은 L 방향으로 팔꿈치가 지면을 향하며 오른쪽 손은 왼손과 벌어진 삼각형을 이룬 상태로 굽혀져 있는 것이 좋다. 위에서 스윙을 단계별로 알아보았듯이 복잡한 면이 많다. 스윙도 낚시 스윙, 팔자 스윙, 고전적 스윙, 현대 스윙 등 여러 가지가 있지만 일단 선수가 우승을 하게 되면 모방을 하게 된다.

2. 최신 스윙

최근 몇 년 전으로부터의 골프 스윙에 대한 변화를 보면 예전 벤 호건이 사용했던 스택 앤 틸트 스윙과 임팩트 시 뒤꿈치를 들고 치는 까치발 스윙, 백스윙 때 페이드 샷을 구사하려고 왼 손목을 몸 뒤쪽으로 꺾어주는 스윙, 다운 스윙 때 오른 손목을 지면으로 향하게 하고 떨어뜨려 인아웃하는 스윙 등 여러 가지가 있다. 골프 초창기 시절 신 소재의 클럽을 사용하지 않았는데도 불구하고 탑 프로중 몇몇은 볼을 멀리 보냈는데 그들의 동작을 분석해 보면 드라이버의 경우 어드레스 시 왼발 오른발에 체중을 60% 대 40% 으로 현재 스윙는 차이가 있음을 알 수 있었다. 그 스윙의 이름을 스택 앤드 틸트 스윙(stack and tilt swing)라고 부르기도 하는데 그 이유는 왼발에 체중을 실고 백스윙 때 왼다리로 벽을 만들다 뜻의 스택(stack)과 약간 왼쪽으로 축이 기울다의 틸트(tilt)를 합치기 때문이었다. 거리를 많이 내기 위해서는 여러 가지 이유가 있지만 체중이동을 빨리 내는것도 중요한데 이때 체중이동을 하다보면 그 마만큼 볼을 히팅하는 정확성이 줄어들 수 있는데 이 틸트 앤드 스택스윙은 왼발에 체중을 이미 실어 두기 때문에 어드레스에서 탑 오브 백스윙까지 체중을 이동 할 필요가 없고 또한 이어지는 다운스윙 때도 체중이 가지 않았기 때문에 옮길 필요가 없어 에너지와 다리 움직임(knee action)을 줄일 수 있어 볼을 때리는 정확성이 좋다. 이 선수들의 스윙을 보면 왼다리에 축을 두기 때문에 백스윙때 왼 무릎이 앞으로 나오고 오른다리가 구부려 지기 때문에 미관상 보기에 불완전한 스윙으로 느끼는 사람들도 있다. 장타를 치기엔 체격이 작은 벤 호건은 드라이버 비거리가 많이 나가는데 여러 학자들이 이를 분석해본 결과 Stack and tilt 스윙을 사용하고 있는 것을 발견하여, 지금 많은 선수들이 모방하고 있다. 벤 호건, 게리플레이어, 샘 스미스, 가르시아, 몽고메리, 짐퓨릭, 프레드 커플스 등이 사용하고 있으며 최근 스윙을 이용하는 대표적인 선수로는 어니 엘스, 안나 로손, 리 웨스트우드, 위창수, 마이크 와이어 등이 있다. 장점으로는 허리에 무리를 주지 않고, 체중이동, 왼손목 로테이션이 필요 없어서 배우기가 쉽다. 아이언의 경우 다운 블로우로 쳐져 뒷땅이 나지 않고 방향성이 좋다. 또한 슬라이스가 잘 나지 않으며, 스윙시 볼을 오랫동안 볼 수 있고 헤드업 가능성이 적다. 단점으로는 스윙폼이 전체적으로 피칭 어프로치 샷이 확대된 것 같으며 화려하거나 아름답지 않으며. 드라이버 탄도가 낮고, 볼의 방향은 임팩트시 클럽페이스의 볼과 접촉되는 각도에 의해 결정이 된다. 주의 할 점은 탑 오브 백스윙 때 오른쪽 히프가 밀리거나 축이 너무 반대로 기울려 져서는 안 된다. 위의 사진은 KLPGA 1부 시합에서 준우승을 한 김민선 프로의 스택 앤 틸트 스윙을 재현한 모습인데 뭔지 모르게 어색하게 보이는 것은 사실이나 많은 선수들이 이 스윙을 사용하여 우승을 하고 있다.

이와는 약간 다르게 공중부양, 까치발 스윙으로 불리는 선수들로 렉시 탐슨, 저스틴 토마스를 예로 들 수 있는데 이 선수들의 스윙 특징은 어드레스 때는 체중의 분배가 비슷하지만 백스윙 때 오른발 뒤꿈치에 체중이

많이 실리고 다운스윙 때 체중이 왼발 앞 꿈치에 실리며 임팩트 때는 또다시 체중이 오른발 앞 꿈치에 실림과 동시에 양발 뒤꿈치가 지면에서 떨어져 마치 까치가 땅을 박차고 하늘로 올라가는 모습을 보인다. 이 스윙의 특징은 백스윙을 한 후 다운 스윙 때 체중을 왼발 오른발에 앞쪽에 80:20으로 둔 후 임팩트 때에는 거꾸로 10:90으로 하며 두 발이 거의 지면에서 떨어질 정도로 몸을 들어서 볼을 올려 치는 것이다.

위에서 살펴본 것처럼 여러 종류의 스윙이 있지만 중요한 것은 임팩트 순간의 헤드 시피드를 높이는 길이다. 이 스윙을 사용하던 저 스윙을 사용하던 자신의 체형과 체력 습관 등을 고려하여 기본적으로 여러 스윙을 이해하고 이것을 본인에게 접목시킨다면 좋은 스코어를 낼 수 있을 것이다.

탑프로와 함께하는
재미있는 골프

Chapter 10.

볼 포지션
(ball position)

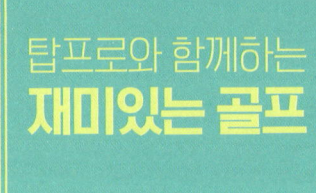

Chapter 10.

볼 포지션(ball position)

볼을 놓는 위치는 사람에 따라 다르고 또 체형에 따라 다르다. 어떤 사람은 볼을 클럽페이스의 스퀘어 맞추고 느낌으로 거리를 조절하는 사람이 있는 반면에 어떤 이들은 왼발 뒤꿈치에 맞추거나 혹은 클럽의 길이에 따라서 발 사이에의 중앙에 맞추는 등 여러 가지가 있다. 프로들은 대게 볼을 왼쪽 발에 놓고 치는 경향이 있는데 그 이유는 체중이동이 정확하게 되기 때문이다. 자신의 볼 포지션은 먼저 원하는 클럽을 들고 스윙을 해서 클럽 블레이드(blade, 혹은 클럽페이스)가 지면에 닿아서 자국(divot)이 나는 부분의 오른쪽이 자기의 볼 포지션이다. 디봇(divot)은 볼이 맞고 난 후 생기는 자국이기 때문에 볼 위치는 디봇이 생기기 전 자리가 된다. 따라서 드라이버나 숏 아이언 등을 잡고 스윙을 해 보면 자신의 볼 포지션을 알 수가 있다. 대체적으로는 볼 포지션은 첫째, 일반적인 볼 포지션 둘째, 벤 호건의 볼 포지션 셋째, 잭 니클라우스의 볼 포지션 등의 세 가지로 나눌 수 있다.

1. 일반적인 볼 포지션

이 방법은 초보자나 아마추어가 많이 사용한다. 아래의 그림처럼 드라이버나 우드는 왼쪽 발꿈치에서 앞쪽으로 직선이 되는 지점에 놓으며 롱 아이언이나 숏 아이언은 볼을 오른쪽 방향으로 조금씩 옮겨 놓으면서 오른발은 반대로 왼쪽으로 붙여진다. 대게 클럽길이의 번호하나차이에 볼 하나정도의 거리를 좌우로 움직이는 것이 좋다. 예를 들어 8번 클럽이 양발 사이의 중간에 볼이 놓일 경우 9번 클럽은 오른쪽 방향으로 볼 하나의 거리차이로 움직이는 것이다. 아래의 그림은 숏 아이언의 경우 양발사이의 중간에 볼을 놓았지만 대게 7번을 기준으로 양발사이에 볼을 놓고 8번은 오른쪽으로 6번은 왼쪽으로 볼 하나의 차이로 이동

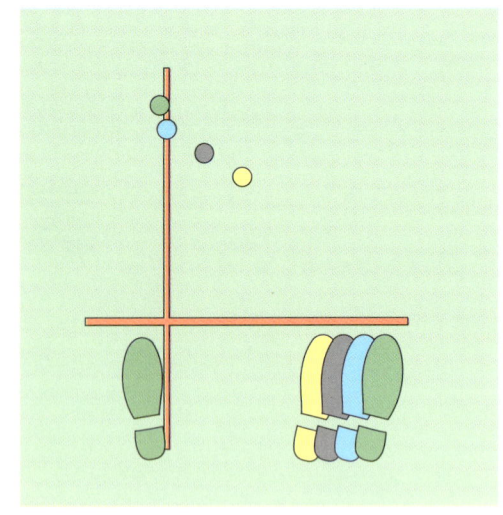

볼은 숏 아이언이 스탠스의 중앙에 놓여짐

하는 사람이 많다. 그러나 클럽번호가 높은 피칭왜지나 샌드는 볼을 약간 오른쪽으로 움직인 뒤 오른발은 그대로 두고 왼발은 약간 오픈한 상태로 뒤쪽으로 조금 빼주면 스윙하기가 편하고 팔로 스로우도 용이하다.

2. 밴 호건의 볼 포지션

이 방법은 밴 호건이 쓰는 방법으로 왼발 뒤꿈치에서 약 1인치(2.5cm) 띈 상태로 직선을 그어 앞 방향으로 직선을 그은 지점에 드라이버나 롱 아이언, 미들아이언, 숏 아이언, 모두 같은 직선위에 위에서 아래의 순으로 볼을 놓고 오른발은 드라이버, 롱 아이언, 미들아이언, 숏 아이언 순으로 약간씩 오픈한 상태로 왼쪽방향으로 움직여 주는 것이다. 이것은 이렇게 함으로써 드로우 볼(draw ball)을 구사할 수 있다.

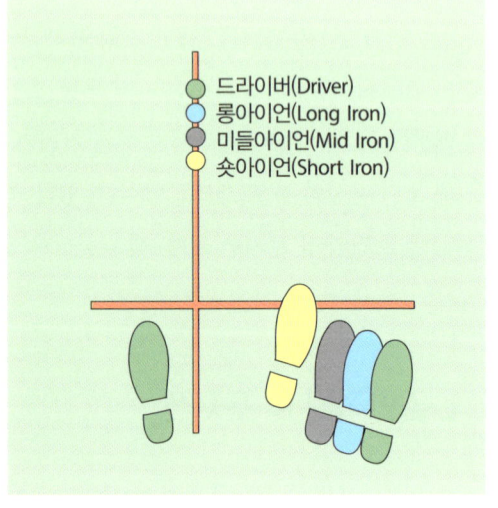

클럽이 갈수록 볼은 위쪽으로 멀리 놓여짐

3. 잭 니클라우스의 볼 포지션

이 방법은 잭 니클라우스가 쓰는 방법으로 왼쪽 발꿈치 선에서 직선으로 앞 쪽 방향으로 직선을 그은 상태에서 드라이버, 롱 아이언, 미들아이언, 숏 아이언의 순으로 밑으로 내려오고 오른발은 미들아이언까지는 평행으로 왼쪽방향으로 옮겨주지만 숏 아이언은 오픈한 상태로 앞으로 조금 내딛는다. 이것은 페이드(fade) 볼을 구사할 수 있고 백스핀이 먹는다. 잭니클라우스는 발을 이동시킴으로 해서 페이드나 스트레이트, 드로우 볼을 구사하였다. 아래의 그림처럼 페이드를 구사할 때는

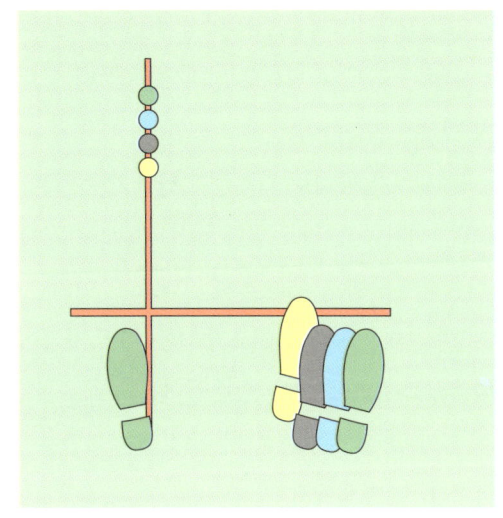

오른발을 앞으로 내딤으로 해서 스윙패스가 약간 아웃에서 인으로 되고 클럽페이스가 약간 열려 있기 때문에 페이드가 되었고 스트레이트 볼일 경우 양발을 거의 수평으로 한 상태에서 포지션을 취했기 때문에 클럽페이스와 스윙패스가 스퀘어로 되어 볼이 똑바로 날아간다. 드로우와 같은 경우 오른발을 뒤에서 약간 뺀 상태에서 스윙을 하기 때문에 스윙패스가 인에서 아웃으로 되고 클럽페이스가 약간 닫혀있기 때문에 드로우 볼이 나온다. 그리고 그는 볼을 치기 전에 클럽페이스를 그라운드에서 약간 든 상태로 좌우로 흔들며 긴장을 풀었다. 페이드를 구사할 때는 클럽헤드를 아

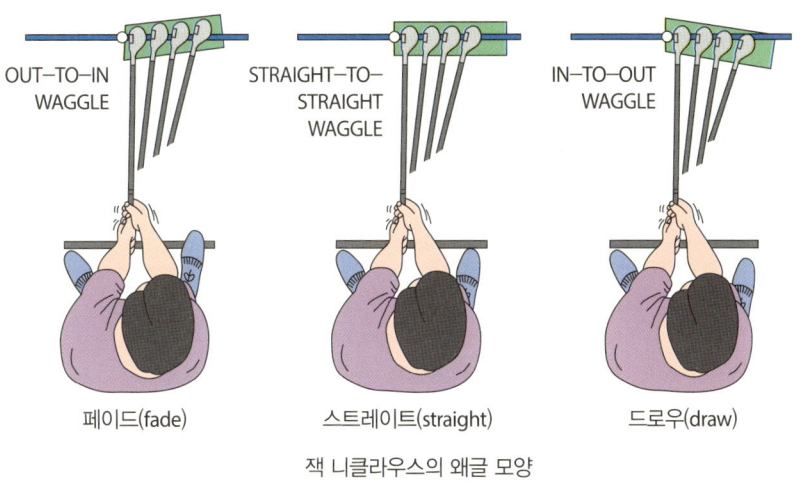

잭 니클라우스의 왜글 모양

웃에서 인으로 스트레이트 볼과 같은 경우 앞뒤로 똑바로, 드로우와 같은 경우 인에서 아웃으로 하였다.

그는 왜글 을 하는 이유로 왜글 을 하므로 써 팔의 근육이 편해지고 두 번째로 테이크 어웨이가 부드럽게 되며 세 번째로 벙커샷을 할 때에 모래 등이 클럽에 닿지 않아야 되는데 이것을 함으로 써 벙커샷에 도움이 된다고 하였다. (위 그림들은 Encyclopedia of golf thchniques에서 인용하였음)

볼 위치가 제대로 되었는지 안 되었는지는 잔디에 파힌 디벗 자국을 보면 알 수 있다. 아래의 그림 1번처럼 볼 바로 옆에 직사각형으로 얕게 파였으면 완벽한 샷이라고 할 수 있다. 2번의 그림은 처음에 똑바로 샷을 해서 임팩트 후 이러한 디벗 자국도 아주 좋다.

3번 그림은 약간 페이드가 나는 디벗 자국이고 4번 그림은 나쁜 형태로써 인사이드에서 아웃스윙패스로써 손에 힘이 많이 들어간 상태로 오른쪽 방향으로 볼이 날아간다. 5번 그림은 H모양으로 훅이 날 때 생기는 디벗 이며, 6번 그림은 볼이 얕게 맞거나 낮게 맞았을 때 나타나는 디벗 자국이다. 위 그림에서 1번과 2번, 3번은 괜찮으나 4번, 5번, 6번은 좋지 않다.

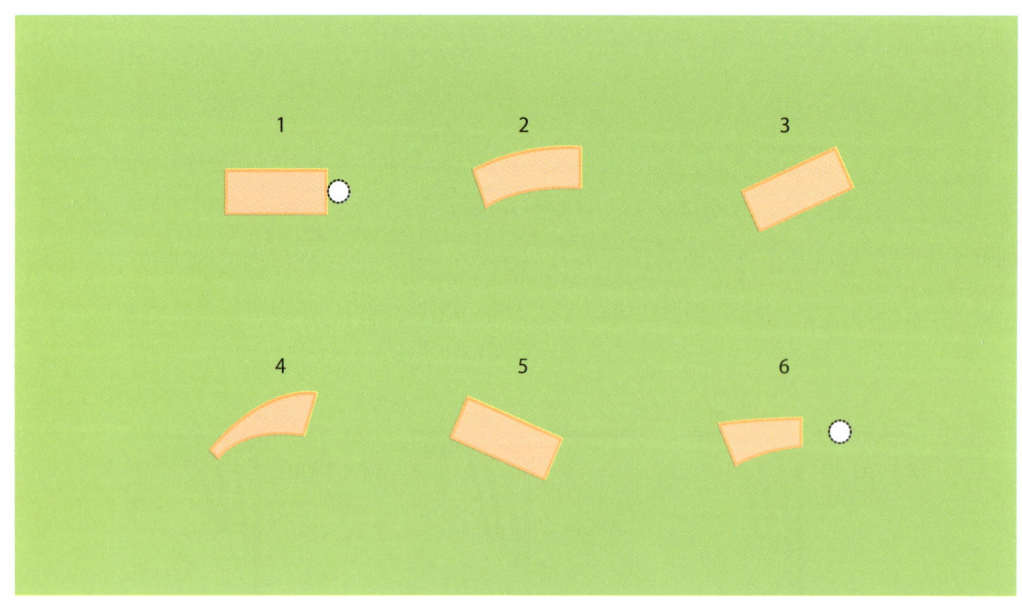

Golf School에서 인용한 것임

탑프로와 함께하는
재미있는 골프

Chapter 11.

볼 플라이트(ball flight)의 원리

탑프로와 함께하는
재미있는 골프

Chapter 11.
볼 플라이트 (ball flight) 의 원리

볼 플라이트란 볼이 날아가는 것을 말한다. 볼이 날아가는 데 끼치는 요인은 여러 가지가 있다. 볼이 낮게 가거나 뜨거나 왼쪽으로 혹은 오른쪽으로 가는 등 실로 다양하다. 여기에서는 볼이 날아갈 때 끼치는 요인들을 7가지로 나누어 기본적인 원리를 설명하였다.

1. 클럽페이스(face)이다.

이것은 블레이드(blade)라고도 불리는데 이것이 스윙궤도에 따라서 스퀘어(square)로 되었을 때 볼이 똑바로 날아가며 스윙 궤도에 따라서 열려있으면 오른쪽으로 닫혀있으면 왼쪽으로 날아간다.

2. 스윙패스(swing path)이다.

스윙패스란 스윙하는 길을 뜻하는 것으로 안에서 바깥쪽(in - out), 바깥에서 안쪽(out - in), 직선에서 직선 (square) 쪽으로 가는 방법이 있다.

3. 클럽헤드의 속도 (speed) 이다.

속도가 빠르고 느림에 따라서 거리가 멀리 나고 짧게나간다.

4. 클럽의 로프트 (loft) 각도이다.

클럽의 로프트 각도가 큼에 따라서 볼이 높게 뜨고 적음에 따라서 낮고 멀리 나간다. 클럽 번호가 크고 길이가 짧을수록 로프트가 크다.

5. 라이 (lie) 의 각도이다.

자신클럽의 라이의 각도보다 더 작아지면 볼이 왼쪽으로 커지면 오른쪽으로 나간다.

6. 그립 (grip) 의 종류이다.

스트롱 그립은 훅이나 드로우로 위크 그립은 페이드나 슬라이스로 스퀘어 그립은 똑바로 나아간다.

7. 몸의 움직임이다.

몸이 굽혀 있거나 펴져있거나 키가 크거나 작거나 팔의 길이가 길거나 짧거나 스탠스가 좁거나 넓거나에 따라 영향을 준다.

볼이 날아가는데 끼치는 요인에 따라 대체적으로 볼의 날아가는 모양은 아홉 가지로 나누어 지는데 이것은 straight(똑바로 가는 것), slice(오른쪽으로 휘어서 가는 것), fade(직선으로 가다가 오른쪽으로 살짝 휘는 것), hook(왼쪽으로 휘어서 가는 것), draw(직선으로 가다가 왼쪽으로 살짝 휘는 것), pull(왼쪽으로 직선으로 가는 것), push(오른쪽으로 직선으로 가는 것), pull-hook(왼쪽으로 완전히 휘어서 가는 것), push-slice(오른쪽으로 완전히 휘어서 가는 것) 등이다. 여기에서는 스윙패스(swing path)와 클럽페이스(club face)로 나누어 설명하였다.

• 스트레이트 (straight)

스트레이트는 스윙패스가 인에서 인으로 되어있을 때 클럽페이스가 스퀘어 방향으로 되어 직선으로 가는 것을 말한다.

• 슬라이스 (slice)

슬라이스는 클럽페이스가 열려있고 스윙패스가 아웃에서 인으로 가는 것을 말하며, 볼이 가다가 오른쪽으로 휜다. 클럽페이스가 열리는 이유는 여러 가지가 있으며, 대게 초보자들에게 많이 나타난다. 스윙 패스가 인에서 인이나 인에서 아웃으로 가더라도 클럽페이스가 열려서 깎아 맞으면 역시 슬라이스가 나며 인에서 아웃으로 하면서 클럽 페이스를 스퀘어로 하고 볼 위치를 오른발 위치로 옮기면 임팩트가 미리 되기 때문에 클럽 페이스가 열려 슬라이스가 난다. 몸을 이용 할 때는 어드레스 상태에서 오른발을 앞으로 조금 내딛고 치거나 임팩트 후 팔 로테이션을 하지 않고 왼손목이 왼쪽으로 돌아가지 않고 그대로 돌아도 페이드나 슬라이스가 난다.

• 페이드 (fade)

페이드는 클럽페이스가 조금 열려있어 스윙패스가 약간 아웃에서 인으로 가는 것을 말하며, 볼은 가다가 오른쪽으로 살짝 휜다. 그리고 사이드 스핀으로 왼쪽에서 오른쪽으로 돌기 때문에 아이언으로 그린을 공략할 때 런이 많지 않아 자주 이용된다. 스윙패스가 인에서 인이나 인에서 아웃으로 되어 클럽페이스가 약간 열릴 때에도 볼이 클럽에 깎여 맞으면 이런 구질이 나타난다. 또한 스윙을 인에서 아웃으로 하면서 볼 위치를 약간 오른 발 위치로 옮기고 클럽 페이스를 스퀘어로 해도 페이드가 난다.

페이드를 구사하기 위해서는 위크(슬라이스)그립을 잡거나, 오른발을 약간 앞으로 올리거나 혹은 볼을 약간 우측으로 옮겨 친다. 다른 방법으로 임팩트 후 릴리즈할 때 로테이션을 제어한 채 손목

앵글을 유지하며 왼 손등이 회전방향으로 쭉 밀어주면서 팔꿈치를 치킨 윙처럼 동작을 취할 때도 페이드 샷이 나타난다.

• 훅 (hook)

훅은 클럽페이스가 닫혀 있고 스윙패스가 인에서 인이나 인에서 아웃으로 가는 것을 말하며 볼이 가다가 왼쪽으로 휜다. 초보자가 슬라이스가 나는 상태에서 조금 발전하면 훅이 난다. 인에서 아웃으로 하고 볼 위치를 왼발 쪽으로 더 옮기면 임팩트 순간이 늦게 되어 클럽 페이스가 닫혀 훅이 된다. 몸을 이용할 때 오른 발을 뒤로 빼고 다운스윙 때 오른팔을 겨드랑이에 붙이고 클럽을 안쪽으로 떨어트리면 훅이나 드로우가 난다.

• 드로우 (draw)

드로우는 클럽페이스가 약간 닫혀있는 상태로 스윙패스가 약간 인에서 인이나 인에서 아웃으로 가는 것을 말하며, 볼은 가다가 약간 왼쪽으로 휜다. 그리고 사이드 스핀으로 오른쪽에서 왼쪽으로 돌기 때문에 거리가 많이 나서 드라이버샷을 할 때 자주 이용된다. 또한 스윙 패스를 인에서 아웃으로 하면서 볼 위치를 약간 왼쪽으로 옮겨도 드로우가 난다.

드로우를 내는 방법으로는 스트롱 그립을 잡거나 볼 위치를 왼쪽으로 옮기고 스탠스에서 오른 발을 뒤쪽으로 빼는 방법이 있다. 그리고 다운스윙 시 오른 팔이 몸의 뒤쪽으로 빠지면서 헤드가 수직하강하며 인에서 아웃으로 스윙 되어야 한다.

• 풀 (pull)

풀은 스윙패스가 아웃에서 인으로 클럽페이스가 스퀘어로 될 때이며, 왼쪽방향을 직선으로 나간다. 클럽헤드가 가파르게 내려오고 클럽페이스 중앙에서 벗어나서 맞았을 때 나타난다.

• 푸쉬 (push)

푸쉬는 스윙패스가 인에서 아웃으로 클럽페이스가 스퀘어로 될 때이며, 오른쪽방향을 직선으로 나간다. 클럽헤드가 너무 낮게 내려오고 볼에 맞기 전에 땅에 먼저 맞거나 클럽페이스 중앙에서 벗어나서 맞았을 때 나타난다.

• 풀-훅(pull-hook)

풀-훅은 스윙패스가 아웃에서 인으로 되고 클럽페이스가 닫혔을 때 나타난다. 훅과는 거리가 같으나 방향성은 훅과 다르다.

• 푸쉬-슬라이스(push-slice)

푸쉬-슬라이스는 스윙패스가 인에서 아웃으로 되고 클럽페이스가 열렸을 때 나타난다. 슬라이스와 거리가 같은 방향은 슬라이스와 다르다.

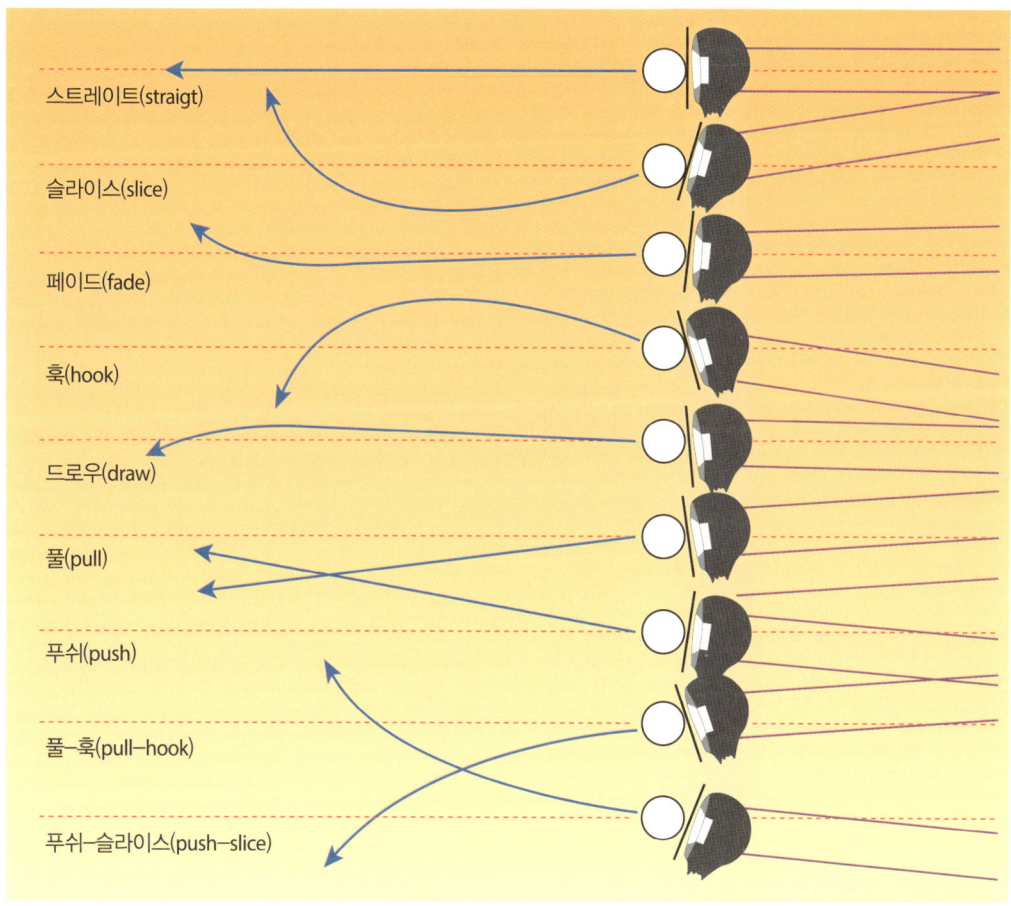

(Encyclopedia of golf techniques에서 인용함)

탑프로와 함께하는
재미있는 골프

Chapter 12.

슬라이스, 훅, 미스샷의 클리닉

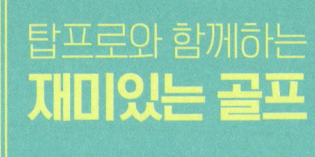

Chapter 12.
슬라이스, 훅, 미스샷의 클리닉

1. 슬라이스의 클리닉

슬라이스라(slice)는 뜻은 얇은 조각, 한 조각 얇게 베다라는 뜻이 있지만 골프에서는 볼이 가다가 오른쪽으로 휘는 볼을 말한다. 슬라이스가 나는 경우에는 여러 가지가 있는데 가장 근본적으로는 클럽페이스가 열려서 맞고 스윙패스가 아웃에서 인으로 되기 때문이다. 다음과 같이 발생하는 요인과 클리닉은 다음과 같다.

1) 임팩트 때 클럽페이스가 열린다.

클럽페이스가 열릴 때는 여러 가지가 있다. 첫째 위크 그립을 잡을 때이다. 위크 그립을 잡고 스윙을 하면 다운스윙 후 임팩트 때 왼손목과 오른손목의 회전이 적게 되어 클럽페이스가 완전히 스퀘어로 되지 않고 열려있어 볼이 깎여 맞아 슬라이스가 난다. 이때 강한 스트롱 그립을 잡으면 클럽페이스가 약간 닫혀 드로우가 난다. 둘째로 양팔에 힘이 들어가 팔만의 스윙으로 일체감 있는 턴을 하지 못하여 임팩트 때 클럽페이스가 열린다. 이때는 문어 다리처럼 흐늘흐늘하게 힘을 뺀다는 만든다는 생각으로 팔에 힘을 빼고 어깨 턴을 해주면 된다. 셋째 체중이동이 되지 않을 때이다. 체중이동이 되지 않아 오른발에 체중이 여전히 남아 있으면 오른쪽 어깨가 낮아져서 들리게 되어 어깨턴이 하체를 따라 이동을 하지 않게되어 클럽페이스가 열린다. 따라서 체중이동을 충분히 하고 볼을 10개정도가 연달아 붙어있다고 생각하고 두 팔을 임팩트 후 10cm까지 뻗은 후 고개는 들지 않고 오른쪽 장 단지 위에 놓아둔 채로 햎프 오브 활로 스로우 (half of follow through) 때까지 두 손을 쭉 펴준다. 넷째 임팩트까지 왼손이 리드하지 못하고 굽혀져 치킨 윙(chicken wing)처럼 된다면 클럽페이스가 열린다. 따라서 이때는 왼팔을 인에서 아웃 쪽으로 쭉 펴주면 된다.

2) 아웃에서 인 스윙을 한다.

아웃에서 인 스윙을 하게 되어 만일 클럽페이스가 열린다면 슬라이스가 난다. 아웃에서 인 스윙을 하는 이유는 첫째 왼다리가 축이 되어주지 못하고 무너질 때 왼쪽어깨가 빨리 열려 왼쪽으로 돌아져서 난다. 이때에는 왼다리 다음에 벽이 있다고 생각하고 왼다리 안쪽에 힘을 주어 왼다리가 빠지지 않게 한다. 둘째 어깨를 충분히 돌리지 못하고 엎어 칠 때도 발생한다. 이때는 어깨를 가능한 많이 돌리도록 노력을 한다. 셋째 하체가 턴을 하고 자리를 잡지 않은 상태에서 상체가 빨리 움직여 볼을 칠 때도 나타난다. 이때는 백스윙을 충분히 한 후에 한 템포 늦춰 다운스윙을 하면 된다. 넷째 타켓에 직선으로 얼라이먼트(alignment)를 맞춘다고 생각할 때 오른다리가 왼 다리보다 위쪽으로 나올 때도 발생한다. 이때에는 오른다리를 스윙이 어색하지 않을 정도로 뒤쪽으로 빼주면 된다. 다섯째 오른손의 팔꿈치가 백스윙 때 지면에 수직으로 되어있지 않고 옆이나 위쪽으로 들려져 있을 때이다. 이때에는 오른손을 L 자 모양으로 음식을 손에 받쳐서 배달 한다고 생각하고 팔꿈치가 지면을 향하게 하면 된다.

3) 헤드업을 할 때이다.

볼을 때릴 때까지 머리는 오른쪽 장딴지 위에 있고 헬프 오브 활로우 스로우 때까지 머물고 있어야 하는데 미리를 미리 들면 클럽이 임팩트 후 까지 가주어야 되는데 볼을 치자마자 머리를 듬과 동시에 클럽도 들어져 슬라이스가 난다 이때는 볼을 친후에도 끝까지 머리를 오른쪽 장단지 위에 놓고 있는 연습을 한다.

팔 L 자 만들기

4) 임팩트 전에 오른다리를 먼저 지면에서 떼는 경우이다.

이때에는 체중이동도 되지 않고 오른쪽 어깨가 나와 엎어 쳐지고 파워도 줄어든다. 이때에는 오른발 앞 신발 밑에 볼이나 다른 물건 등을 놓고 스윙연습을 하면 고칠 수 있다.

5) 팔로만 치면서 돌아버리는 경우이다.

처음 초보자들은 볼을 팔로만 치며 그대로 돌아버리는 경우가 있는데 이때에는 몸으로 치는 습관을 가져야 한다. 즉 백스윙 후에 다운스윙을

오른다리먼저지면에서 떼는 경우

팔이 아닌 발, 무릎 과 허리 의 하체, 어깨 순으로 이끌도록 노력을 한다. 그리고 심리적으로 슬라이스가 나올 수 있는 상황이 있는데 볼을 쳐 올리려는 생각에만 치우쳐 턱이 올라가 엇갈리는 경우가 있다. 또 볼을 낮게 쳐 내리려는 생각을 할 때는 몸이 앞으로 나와 슬라이스가 나는 수도 있다. 이럴 때는 두 다리를 모았다가 왼다리 하나만을 옆으로 내 디디며 체중 이동연습을 하면서 공을 타격하는 연습을 하면 스윙시 몸이 빨리 열리는 것을 막아 슬라이스를 방지할 수 가있다.

6) 임팩트 존이 짧으며 클럽이 열릴 때

임팩트가 짧은 상태에서 클럽 페이스가 열려 있을 때인데 이때는 손에 힘이 들어가고 클럽을 던져주지 못하고 잡아당기기 때문이다. 따라서 손에 힘을 뺀 상태로 손을 의도적으로 릴리스를 해 줘야 한다. 오른발을 뒤에 빼고 그립은 배꼽에 헤드는 직선으로 앞으로 향한 상태로서 클럽을 배에 평행을 맞춰 들고 휘두르는 연습을 하면 고칠 수 있다.

2. 훅의 클리닉

훅(HOOK)이라는 사전적 의미는 갈고리, 코바늘, 올가미 등의 뜻이 있지만 골프에서는 볼이 가다가 왼쪽으로 휘는 것을 말한다. 훅은 대체적으로 슬라이스와 반대로 클럽페이스가 닫혀있고 스윙 패스가 인에서 아웃으로 될 때인데 요인은 다음과 같다.

1) 임팩트 존(Impact zone)이 짧고 클럽이 닫힐 때 이다.

임팩트 존이란 클럽이 볼을 맞을 때의 구간을 말하는 것으로 최소한 10cm 이상 뻗어주는 것이 좋다. 만일 임팩트 존이 짧고 클럽이 닫힐 경우 양팔을 쭉 뻗어주지 못하고 왼쪽으로 빨리 접어지게 되어 훅이 난다. 이때는 체중을 왼발 뒤쪽보다 왼쪽 발 엄지발가락에 두고 스윙 패스를 인에서 아웃으로 하여 최대한 그립을 볼 뒤쪽에 오래 남겨 둔 채 양팔을 쭉 뻗어주어야 한다.

2) 스트롱 그립을 잡을 때이다.

스트롱 그립을 잡으면 클럽페이스가 임팩트 때 닫히게 되어 훅이 난다. 따라서 이때에는 위크 그립이나 스퀘어 그립을 잡는다.

3) 오른발을 뒤로 많이 빼줄 때이다.

오른발을 뒤로 빼면 드로우가 걸리나 많이 빼주게 되면 훅이 난다. 따라서 오픈 스탠스(오른다리를 발 앞쪽으로 나옴)나 스퀘어(양발이 타켓에 직선으로 되어있음) 스탠스를 취한다.

4) 인에서 강한 인 스윙을 한다.

인에서 인 스윙을 하고 클럽이 닫혔을 때는 훅이 된다. 이때는 인에서 아웃으로 스윙을 하며 다운 스윙 때 클럽을 안의 뒤쪽으로 내린 뒤 왼팔을 앞으로 밀어주듯이 스윙을 하면 아웃 스윙 쪽으로 되어 고쳐진다. 그리고 닫혀진 어드레스 때 훅이 난다.

3. 미스샷 클리닉

1) 뒷땅

미스 샷으로는 더프, 생크, 톱핑, 높게 뜨는 볼, 풀 샷, 푸쉬샷, 헛 스윙 등이 있는데 더프란 볼을 치기 전 볼의 뒷 땅을 치는 미스 샷이다. 더프가 생기는 경우는 다운스윙에 들어가 양 무릎을 굽혀 스윙의 궤도를 내려가게 하는 경우, 또는 같은 다운스윙에서는 오른쪽 어깨가 내려가서 어깨로만 볼을 치는 경우 그리고 체중이 오른발에 남아있어 볼을 치는 경우 볼을 떠올려 치려 하는 경우 등이 있는데 근본적인 클리닉으로는 임팩트를 위해 상체의 몸통은 양 어깨와 팔을 삼각형으로 해서 팔과 어깨가 제 각기 움직이지 않고 함께 턴하면 된다.

2) 생크

생크란 우측 일직선 방향으로 날아가는 미스 샷이다. 이는 클럽페이스 힐 부분의 연결 부분인 소켓에 볼이 맞아 생긴다. 생크는 소켓 부분의 돌출부가 없는 우드 클럽에서는 생기지 않는 아이언에 한정된 미스 샷이다. 특히 내리막 라이에서 쉽게 발생한다. 페이스가 어드레스 한 위치보다 하체는 턴을 했는데 하체는 늦게 따라와 클럽이 열어져서 소켓 부분에 맞아서 이며 어프로치 샷에서도 종종 난다. 생크를 교정하는 방법은 어드레스 시 올바른 체중이동과 거의 동시에 어깨와 팔을 한 몸으로 unit 하게 맞춰서 자연스럽게 턴하면서 클럽 페이스를 스퀘어로 맞춘다고 생각하고 치면 생크를 방지할 수 있다.

3) 탑핑

탑핑은 더프와는 다르게 볼의 위를 클럽 헤드의 에지부분으로 치는 미스 샷 이다. 어드레스 했을 때보다 다운스윙에서 무릎이 펴져서 올라가거나 클럽페이스 면이 볼에 닿지 않는 경우, 또 스윙 중에 턱이 올라가게 되어 궤도가 올라갔을 때, 헤드업 했을 때 톱핑이 나온다. 헤드업을 하지 않고 임팩트 후 양손만 뻗어주면 쉽게 고쳐진다.

4) 높게 뜨는 볼

높게 뜨는 볼로서 티업 한 볼 아래를 클럽헤드가 통과해 헤드 윗부분에 볼이 맞아 높이 떠오르는 것을 말한다. 스윙의 궤도가 임택트 전 낮은 곳에서 에서 위쪽으로 올라가며 볼이 임팩트 되어야 하는데 반대로 가파르게 엎어 쳐져 다운 불로로 쳐져서 일어나는 현상이다. 아이언 샷은 괜찮으나 드라이브샷은 볼이 구르지 않고 스핀을 많이 먹어 거리 손해를 많이 본다. 고치기 위해서는 체중이동을 많이 해서 히프를 왼쪽으로 이동시키면서 다운스윙 때 오른쪽 뒤의 안쪽으로 클럽을 내리면서 수직 하강시켜 아크를 크게 하며 부드럽게 턴을 하는 것이 필요하다.

5) 풀샷

풀은 공이 왼쪽 방향으로 곧바로 날아가는 것으로 팔을 당겨 칠 때 나온다. 풀의 발생 원인은 클럽 페이스를 닫은 채 치거나 몸은 가만히 있고 팔에 의해 아웃으로부터 인으로 잡아당겨 치기 때문이다. 교정 방법은 인사이드에서 아웃사이드의 스윙을 하거며 피니쉬를 크게 하도록 하면 된다.

6) 푸쉬샷

스윙이 인에서 아웃으로 가면서 클럽헤드가 열려 질때 나는데 이때는 인에서 인 스윙으로 하면서 다운스윙 시 왼쪽 팔의 겨드랑이를 몸통에 붙이고 턴을 하면 된다.

7) 헛스윙

헛스윙의 최대 원인은 강하게 힘을 주거고 멀리 보내려고 할 때 축이 무너지고 헤드업이 될 때 많이 나타나는데 머리를 들지 말고 힘을 빼고 부드럽게 똑같은 리듬으로 스윙을 하면 된다.

탑프로와 함께하는
재미있는 골프

Chapter 13.

장타의 비결

탑프로와 함께하는
재미있는 골프

Chapter 13.
장타의 비결

　벤 호건은 체격이 왜소했음에도 볼을 멀리 보냈는데 최근의 PGA 장타자가 옛날 벤 호건이 쓰던 드라이버로 시타를 해본 결과 거리가 벤 호건 보다 훨씬 못 미쳤는데 그 이유로는 스윙의 방법이 다르지 않았나 생각된다. 장타란 볼을 멀리 내 보내는 것을 말하는 데 모든 골퍼들의 꿈은 장타를 치는 것이다.

　존 델리, 타이거 우즈가 장타를 치고 또한 그레파이트 샤프트(shaft), 티타늄 등의 소재로 만든 클럽이 선보이면서 불과 몇 년 전에 비해 20~30야드가 더욱 더 거리가 늘어나게 됨으로써 최소한 드라이버 비거리가 300야드가 나가지 않으면 PGA에서 Top ten에 들 수가 없게 되었다. 따라서 골프장도 변화가 생겨 거리가 긴 골프장이어야 경기를 치를 수가 있고 인정을 받기 때문에 최근에 지어지는 골프장들은 거리를 길게 짓는 추세이다. 로리 맥길로이나 타이거 우즈등 장타자 들이 우승을 많이 하는 이유를 분석 해보면 드라이버 비거리가 300야드가 훨씬 넘기 때문에 파 5에서 세컨샷을 그린에 온 시켜서 이글 기회를 맞아 최소한 버디를 잡고 또 파 4에서도 세컨샷 때 다른 사람이 7번이나 8번 아이언을 잡을 때에 장타자는 9번이나 피칭 웨지를 잡기 때문에 그린에 올려 홀에 붙이는 정확성이 많은 것도 하나의 요인이다. 물론 오직 비거리 때문만은 아니다. 숏 게임 능력도 뒷받침 되어야 하지만 어쨌든 요사이 우승을 위해서는 장타는 필수요소의 하나임에는 틀림없다.

그렇다면 장타가 나는 비결은 무엇인가? 거기에는 많은 요인이 있지만 다음과 같이 여러 가지로 요약을 해보았다.

1. 허리의 회전은 억제하고 어깨를 충분히 회전한다.

불과 얼마 전까지만 해도 허리는 45° 정도 회전하고 어깨는 90° 이상 회전하였는데 지금은 허리는 30° 정도 어깨는 100° 이상 회전하는 추세이다. 타이거 우즈는 어깨회전 약 125° 정도, 리키 파울로는 135°나 된다. 따라서 허리의 움직임을 막아주고 어깨 턴을 충분히 하면 다시 그 꼬임이 풀리는 힘에 의해서 장타를 낼 수가 있다. 대학을 졸업하자 마자 일본에서 투어를 시작하여 노련미를 앞세워 2018년에 3승을 추가한 황아름의 스윙을 보면 어깨 턴도 좋고 리듬이 잘 맞아 군더더기가 하나도 없이 깔끔한 것을 볼 수가 있다.

2. 오버스윙을 하지 않는다.

이것은 어깨의 턴은 충분히 하지만 탑 오브 백스윙일 때 클럽샤프트(shaft)가 등 뒤에서 평행 이하로 내려가면 좋지 않다. 그 이유는 다운스윙일 때 내려간 만큼의 코킹이 미리 풀릴 가능성이 있고 방향성도 좋지 않기 때문이다. 그림 A같은 경우 클럽이 평행보다 약간 위에 있어서 아주 좋으나 그림 B같은 경우 체가 너무 밑으로 내려가 있어서 가끔 장타가 나오지만 정확성이 떨어져서 좋지 않다. 그러나 존 델리처럼 턴 감각이 좋은 사람은 오버 스윙을 하면서도 멀리 친다.

3. 두 다리를 튼튼하게 지탱해준다.

백스윙일 때 오른쪽 다리가 우측방향으로 밀려나면 어깨의 꼬임이 제대로 되지 않고 임팩트 때 왼다리가 지탱해 주지 않으면 히프가 옆으로 밀리거나 뒤로 빠져 벽이 허물어진 것처럼 임팩트 때 볼이 탄력적으로 맞지 않고 어깨가 돌아 가버려 파워가 나지 않는다.

4. 스탠스를 보통보다 넓게 잡는다.

스탠스를 넓게 잡으면 방향성은 떨어지지만 파워가 생긴다.

5. 코킹을 탑 오브 백스윙에서부터 다운스윙 즉 양손이 오른 허벅지에 올 때까지 풀지 않고 유지해야한다.

따라서 임팩트 때 코킹이 풀리면서 클럽헤드가 가속도가 붙어 스피드를 많이 낼 수가 있다.

6. 임팩트 때 머리는 볼 뒤에 즉 오른쪽허벅지 위에 놓여 있어져야 한다.

만일 머리가 볼 뒤에 있지 않고 볼 위에나 볼 앞에 나가있으면 무게중심이 앞으로 나가있어서 힘껏 내려칠 수가 없다.

7. 임팩트 때 히프는 45° 이내 강하게 회전이 되어야하고 어깨의 선은 타켓에 30° 정도 오픈된 상태이어야 한다.

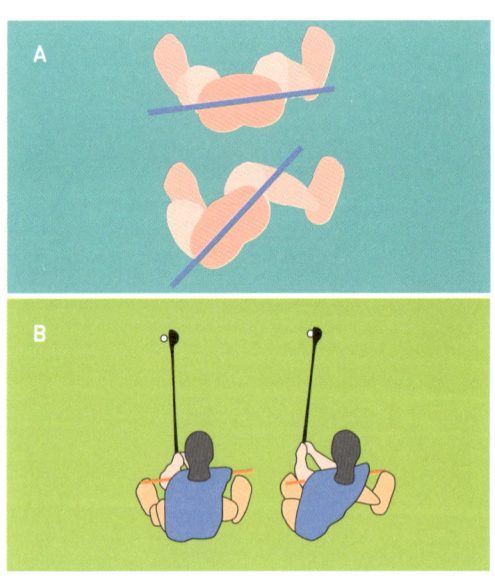

그렉 노만은 히프 선은 30° 어깨선은 15° 오픈되어 있으며 아래의 그림 A의 앞 그림은 어드레스가 자세이고 뒷 그림의 임팩트 때의 모습인데 임팩트 때에 약 45° 정도 오픈 되어 있다. 그림 B는 왼쪽이 어드레스자세의 어깨그림이고 오른쪽이 임팩트 때의 어깨 그림인데 어깨선은 거의 비슷하다.

8. 임팩트 때 히프의 떨림이 나타나야 한다.

다운스윙과 동시에 히프가 옆 타켓 방향으로 15cm 정도 슬라이드 되면서 뒤쪽으로 팽이 돌듯이 빠르게 돌아갈 때 왼다리가 벽처럼 버텨 지면 히프가 더 이상 나갈 수 가 없어 떨림이 나타난다. 이는 하체를 쓰고 있다는 표시이다.

9. 임팩트 후 양팔이 최소한 헬프 앤드 팔로우 스로우 때까지 허리위치에 올 때까지 쭉 뻗쳐 있어야 한다.

만일 왼 팔이 임팩트 후 바로 구부러지거나 왼팔과 오른팔이 어깨로 빨리 접어지면 파워가 줄어든다. 연습을 많이 하지 않으면서도 우승을 잘하는 우승 제조기 안선주 선수. 그녀는 2018년 네 번째 받은 상금왕뿐만 아니라 같은 해 5승 포함 28승째를 하고 있는데 이 비결은 유연성과 부드러운 스윙을 꼽을 수 있다. 그림에서처럼 팔로스로우 때도 두 손이 쭉 뻗어 있는 것을 볼 수 있다.

10. 임팩트 존이 길어야 한다.

임팩트 존이란 클럽이 볼을 맞춘 후의 지역을 말하는데 최소한 볼을 치고 난후 클럽헤드가 약 10cm 정도를 타켓 방향의 직선으로 스쳐 지나가야 한다. 이때에 클럽 페이스가 스퀘어로 되어 가속이 붙는다.

11. 체중이동이 확실하게 되어야 한다.

프로마다 다르게 체중을 왼발에 90% 오른발에 10%, 또는 60%, 40% 혹은 80%, 20% 정도 되어야 거리가 난다고 말한다. 그러나 골프 메거진에 따르면 신장이나 체력에 상관없이 체격에 의해서 비거리가 많이 나는 선수로서 키 178cm 체중73kg 인 저스틴 토마스가 뽑혔는데 그의 체중이동은 어드레스 때 왼발 오른발이 52 : 48 ^(무게중심은 양발 앞꿈치). 탑스윙 10 : 90 ^(양발 뒤꿈치). 다운스윙 90 :10 ^(양발 앞꿈치). 임팩트 10 : 90 ^(양발 앞꿈치) 으로 체중이동이 확실하게 이동됨을 알 수 있다.

12. 피니쉬 때는 체중이 거의 왼발에 남아있어 왼발 한발로 설수 있을 정도가 되어야 한다.

13. 클럽헤드의 스위트 스팟(sweet spot)에 볼이 맞아야 한다.

모든 클럽마다 스위트 스팟이 다르다. 일반적으로 스위트 스팟이란 클럽헤드의 중앙을 말하는데 요즘은 클럽헤드의 모양이 위로 볼록 되어있거나 옆으로 퍼져 있어서 클럽마다 스위트 스팟이 다르다. 골프다이제스트에 실린 스위트 스팟 비거리 조사에 의하면 스위트 스팟이 중앙에서 약간 뒤의 힐(heel)쪽에 있는데 약 앞이나 뒤쪽으로 1cm 벗어날 경우 6야드가 차

이가 난다. 다시 말해서 스위트 스팟에 맞아서 250야드가 나갔을 경우에 스위트 스팟보다 1cm 앞쪽으로 맞았을 때는 244야드가 나간다.

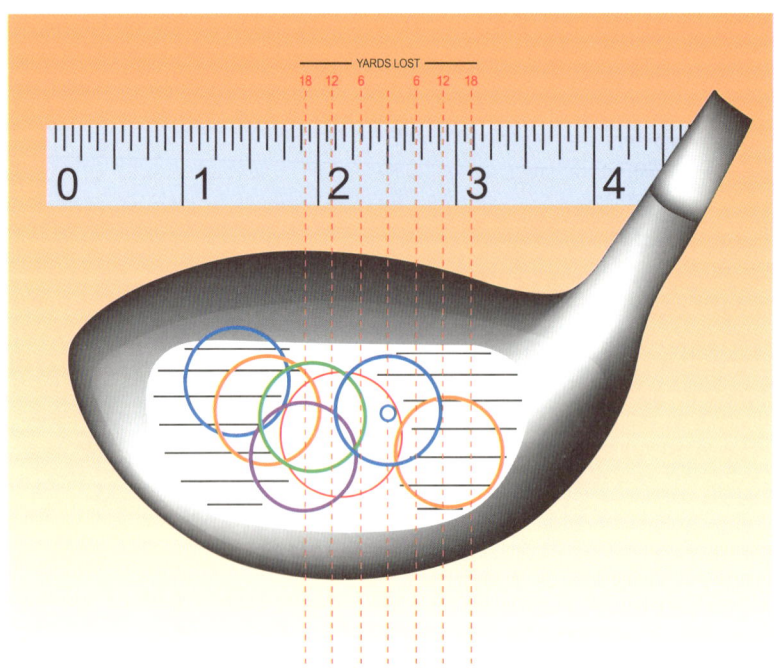

골프다이제스트 8월호에서 인용함

14. 클럽헤드의 로프트 (loft)에 영향이 있다.

예전엔 보통 프로의 경우 6-9°의 드라이버를 많이 썼으나 현재는 8-10°, 아마추어는 아마추어의 경우 9-12° 로프트를 많이 사용한다. 도수가 낮으면 런이 많으나 각도가 낮을수록 볼이 나아가는 방향이 옆으로 퍼지는 산발력이 많이 발생하여 볼이 정확하게 맞지 않으면서 슬라이스나 훅이 많이 난다. 예전엔 로프트의 도수가 적어야 비거리가 많다고 하였으나 최근의 로봇 타격 조사에 의하면 로프트 12°에서 비거리가 가장 많이 나는 걸로 나와 있다.

15. 알맞은 강도의 클럽 샤프트를 써야 한다.

힘이 좋고 클럽헤드 스피드가 많이 나가는 사람은 스틸 샤프트나 강한 그레 파이트 샤프트를 써야 한다. 예를 들어 보통 프로들의 경우 XXS 샤프트를 사용한다.(S보다 두 단계 더 강함) 아마추어 같은 경우는 S(스티프), SR(스티프 레귤러), R(레귤러) 등을 사용한다. 만일 힘이 강한 사람이 약한 샤프트를 사용하면 클럽이 휘청거려 산발력이 많아지고 힘이 약한사람이 강한 샤프트를 사용하면 파워를 제대로 전달할 수 없어 제거리을 낼 수가 없다.

16. 탑 스윙 에서 여유를 준다.

일반적으로 탑 스윙 에서 클럽을 잡아채면 공이 멀리 나간다고 생각한다. 그러나 이는 체중이동이 급격히 이루어지게 하므로 팔과 몸의 조화가 흐트러진다. 탑 스윙 에서 충분히 몸이 회전이 되어 타이트한 상태의 잠깐 멈춘 듯한 여유를 느끼면서 샷을 한다. 전광석화처럼 빠르고 보는 사람을 기쁘게 하는 화끈한 스윙, 2018 KLPGA 장타 2위, NH 투자증권 우승 등 김지영 선수의 오른쪽 사진의 그녀의 스

윙을 보면 빠르기도 하지만 탑에서 약간 여유가 있는 것을 볼 수 있다.

17. 턱을 올려준다.

백스윙 시 왼쪽 어깨가 턱 밑으로 회전할 수 있는 공간을 제공해준다. 이는 백스윙 때 머리의 움직임을 줄이고 상체를 충분히 돌려줄 수가 있다.

18. 스윙의 리듬이 자연스러워야 한다.

스윙을 시작할 때에는 클럽, 손, 팔, 어깨, 히프 무릎, 발 순으로 하며 다운스윙 때는 역순으로 한다. 다운스윙 시 볼을 칠 생각으로 역순으로 하지 않고 상채와 팔로만 내리치는 경우가 있는데 이때는 아웃에서 인 스윙이 되고 오른 어깨가 먼저 돌아가 코킹이 풀리고 슬라이스가 난다. 따라서 왼발을 땅 밑으로 세게 내딛으면서 무릎 왼쪽 어깨 히프 순으로 한 몸이 되어 클럽을 팔꿈치가 지면을 향하도록 수직 하강이 되게 이끌면서 타겟 방향으로 15cm 정도 슬라이딩하면서 턴을 하면 클럽이 채어지는 것처럼 느껴지고 탄력을 받아 임팩트가 될 때 헤드 스피드가 증가한다. 슬라이딩이 진행되면서 왼다리가 벽과 축이 될 때 임팩트가 되며 이때에 머리는 오른쪽 다리 위에 있어야 힘껏 내리칠 수 있는 자세가 된다. 왼팔은 펴져있고 팔목은 안쪽으로 손목이 나오게 약간 굽혀 있어야 손목이 바로 젖혀져 치킨 윙처럼 팔이 굽혀지는 것을 방지할 수 있다. 오른팔은 약간 굽어져 있고 겨드랑이는 붙어있으나 팔꿈치는 떨어져 있다. 어깨와 두 팔은 왼쪽으로 나간상태에서 역삼각형 형태로 한 유니트가 되어있다. 임팩트 후 헬프 오브 피니쉬 때까지 두 팔은 여전히 쭉 펴져있고 머리는 들려지지 않은 채 오른 다리 위에 놓여있으며 오른발 엄지는 지면에 붙어져 왼쪽 방향으로 발뒤꿈치는 약간 들려져 있고 왼쪽 허리는 뒤쪽으로 턴을 한 상태이다. 이때에 체중은 90% 이상도 왼발에 실려 있고 두 팔이 파워에 의해 왼쪽으로 돌며 오른발 뒤꿈치가 드려지고 고개는 들어져 날아가는 볼을 자연스럽게 쳐다본다. 왼팔은 서서히 L자 모양으로 바꿔지고 오른팔은 쭉 펴진 상태에서 역간 구부려져 왼팔과 함께 벌어진 삼각형을 만든다. 가슴과 배는 타겟 방향으로 향해 있으나 유연성이 좋다면 더 왼쪽으로 돌아진다. 피니쉬 때 왼 다리는 펴진 상태로^(무릎이 젖혀진 상태가 아닌 미세하나마 약간 구부려져야 지탱하는 파워가 살아있음) 지탱하며 오른 다리는 왼쪽 방향으로 기울어 무릎이 왼 다리에 붙어 엄지발가락이 지면에 수직으로 서있는 상태가 좋은데 이때 오른발을 지면에서 떼어 봤을 때 뒤로 기울어지지 않아야 완전한 체중이동을 통한 피니쉬 가 되었다고 볼 수 있고 시선은 타겟 방향을 보고 있어야 한다.

19. 임팩트 시 코킹을 풀면서 팔목을 이용한다.

임팩트 시 코킹을 유지해서 자연스럽게 치는 것보다 코킹을 풀면서 오른 손목을 사용한다면 좀 더 파워를 낼 수 있다. 그러나 타이밍을 잘 맞춰야 볼이 휘거나 말리지 않는다.

20. 티를 높게 꽂는다.

티를 높게 꽂고서 볼을 쳤을 경우에는 볼이 앞쪽으로 굴려지면서 히트가 되어 떨어지는 캐리 지점도 더 길어나게 되어 자연스럽게 비거리가 늘어난다. 또한 아래에서 위로 올려쳐야 볼의 발사각이 좋아져 높게 뜨면서 스핀 양도 줄어든다. 그러나 볼을 높게 치는 습관이 들면 페어웨이(Fair way)에서 우드로 낮은 볼을 칠 때 익숙하지 않을 수도 있는 단점도 있다. 티 높이의 제한은 4인치(101.6mm)이다. 버바 왓슨은 헤드스피드에 비해서 거리가 많이 나가는데 분석해본 결과 볼을 돌려쳐서 캐리 우 런이 많기 때문으로 알려졌다.

21. 어드레스 때 임팩트 포지션을 잡는다.

어드레스 때 손은 임팩트 때처럼 약간 타켓 방향으로 앞쪽으로 리드하게 잡으면 안정감도 있고 파워도 낼 수 있다. 2018년 박세리 인비테이셔널에서 명승부를 펼친 KLPGA 장타 1위 김아림 선수의

스윙 모습이다. 그녀의 스윙을 보면 스탠스와 아크도 크고 체중은 확실하게 전달하며 그립을 앞쪽으로 리드하게 잡는다. LPGA 6위 박성현 선수보다 헤드스피드와 캐리도 더 나간다.

22. 손에 힘을 빼고 왜글을 한다.

왜글을 하면 손과 팔의 근육에 긴장이 풀어져 파워를 낼 수 있다.

23. 휭거 그립으로 잡는다.

미셀 위, 청야니, 모건 프레셀 을 코치한 길 크라이스트의 노하우로 그립을 손바닥 대신 손가락으로 쥐면 20야드가 더 나간다는 이론이다. 실제 청야니는 손가락으로 그립을 잡아 장타를 때린다.

24. 백스윙과 다운스윙의 템포 비율이 3:1이 되어야 한다.

PGA top 프로들의 스윙 템포를 분석한 결과 평균은 1.2초였다. 스윙이 빠른 닉 프라이스는 .93초, 느린 Bernhard Langer는 .93이었다. 1초에 33,000프레임으로 분석한 결과 테이크 어웨이부터 백스윙 탑까지와 탑에서 임팩트까지의 비율은 3:1이었다. 잭 니클라우스, 게리 플레이어, 닉 프라이스, 리 웨스트우드는 21:7, 어니엘스, 필 미켈슨, 그렉 로만, 타이거 우즈는 24:8, 짐 퓨릭, 데이빗 탐스 미셀 위는 27:9, 박세리는 31:9였다. 이것은 백스윙의 올라가는 시간보다 다운스윙의 내려올 때의 시간이 빨라야 거리를 낼 수 있음을 나타냈다. 프로들의 미스샷이 났을 때의 샷을 분석해 보았을 때는 3:1이 되지 않았다.

25. 몸통을 빨리 움직여야 한다.

몸통을 가능한 빨리 움직여야 한다. 장타를 날리는 청야니는 몸통을 빨리 움직이는 능력을 선천적으로 타고 났다고 하는데 몸통을 팽이가 돌 듯 빨리 돌려야 한다.

26. 피니쉬 때 두 무릎이 붙어있어야 한다.

임팩트 전후 왼 다리 및 무릎과 허리가 슬라이딩 후 뒤로 돌면서 벽을 만들고 지탱되는 동안 오른쪽 장딴지는 임팩을 위해 왼쪽으로 미끄러져 가며 체중 이동과 함께 바닥을 차 줄 때 벽이 된 왼쪽 다리에 막혀 더 이상 가지 못하고 두 무릎이 붙는다.

27. 스윙 궤도를 인에서 아웃으로 한다.

스윙을 아웃에서 인으로 할 때 보다 인에서 아웃으로 할 때 45야드 더 많이 나간다는 연구 결과가 있다. 이유로는 인에서 아웃으로 할 때 클럽헤드가 약간 닫히면서 드로우가 구사되어 런이 많이 발생하기 때문이다.

28. 테이크 어웨이를 부드럽게 하라.

테이크 어웨이는 클럽을 보통 직선으로 10cm 보낸 후 유선형으로 진행되어 클럽헤드가 오른발을 지나고 양손 그립이 오른 다리 허벅지까지 왔을 때를 이야기하는데 이때 긴장을 풀고 부드럽게 템포를 맞춰 시작된다면 장타를 칠 수 있다.

탑프로와 함께하는
재미있는 골프

Chapter 14.

퍼팅

탑프로와 함께하는
재미있는 골프

Chapter 14.
퍼팅

　1퍼트는 우연, 2퍼트는 최선, 3퍼트는 실패라는 말이 있듯이 Top Ten에 드는 PGA선수들의 퍼팅 타수 비율을 총 게임에 비교해 볼 때 퍼팅이 차지하는 비율은 43%로 매우 크다. 조사기록에서 1.2m 성공률은 74%, 1.7m는 59%, 2.4m는 47%, 4.3m는 31% 로서 멀면 멀수록 들어갈 확률이 멀어진다. 퍼팅이란 볼을 홀에 넣기 위해 치는 것을 말하며 홀은 그린 안에 있고 그린은 보통 비나 눈이 왔을 때에 물이 고이지 않고 잘 배수될 수 있도록 앞 뒤 또는 좌우로 기울여져(slope) 디자인 되어있으므로 볼을 홀에 넣기가 쉽지 않으며 또한 그린의 잔디는 결이 햇빛의 방향에 따라 자라므로 햇빛을 향해 있거나 햇볕 반대로 누워있어 잔디마다 결이 달라 표면이 다르지 않을 뿐만 아니라 그린의 잔디는 깎는 시간에 따라서 잔디가 크고 작으므로 퍼

팅을 할 때에는 이러한 모든 점을 고려해야 한다. 만약 홀컵 방향으로 잔디가 누어있으면 볼이 잘 구르지만 반대쪽으로 퍼팅하는 쪽으로 누어있으면 볼이 갈 때 거슬리므로 좀 더 세게 쳐야한다. 더구나 파$^{(par)}$ 5홀에서는 장타 같은 경우에 세컨샷에 볼을 그린에 올리므로 볼을 쉽게 홀에 넣으면 이글이 되어 잘 들어가지 않게 슬로프가 어렵게 구성되어 있다.

　퍼팅의 일인자 Ben Crenshaw는 퍼팅을 과학이 아닌 단지 기술이며 감각으로 쳐야 한다고 하였다. 이는 정해진 공식에 따라 스피드는 얼마, 백스윙의 길이는 얼마, 가속도는 얼마, 등 과학적으로 공식을 만들어서 하는 것이 아니라 자연스럽게 그린의 슬로프와 홀과의 거리, 치는 강도 등을 감안해서 느낌과 감각으로써 볼을 치는 것을 말한다 하였고 청야니를 지도한 길 크라이스트는 퍼트를 할때 생각$^{(think)}$을 하지 않고 보고$^{(look)}$, 느끼고$^{(feel)}$, 치는$^{(hit)}$ 3단계에만 지도하게 하였다. 그러나 이것들에 대해서도 지켜야 할 기본은 있다. 여기에서는 부위별로 나누어서 설명한다.

1. 그립$^{(grip)}$

　보통 리버스 오버 랩핑 퍼팅그립$^{(reverse\ overlap\ putting\ grip)}$을 사용하는데 이것은 그림과 같이 왼손으로 손가락과 손바닥이 겹치게 다섯 손가락으로 잡고 그 위에 오른손도 마찬가지로 드라이버나 아이언샷을 하는 오버 랩핑 그립처럼 그립을 잡는다. 왼손검지를 빼서 반대로 오른손의 새끼, 약지, 중지 손가락을 감싼다.$^{(그림1,2,3,4\ 참조)}$ 그러나 손목의 움직임을 줄이기 위해 왼손을 오른손보다 내려서 잡는 방법, 배꼽 에대는 방법, 가슴에 대고 하는 방법들도 있다.

2. 스탠스 (stance)

양발은 어깨넓이로 벌리고 무릎은 약간 구부려진 상태로 히프를 조금 뺀다. 양발은 11자 모양이나 약간 양쪽으로 벌린 모양, 왼쪽만 벌린 모양 등 여러 가지 모양이 있다. 보통 프로들은 오른발을 약간 위쪽 방향으로 내딛는다 (오픈됨). 그러나 발은 홀 선에 평행이 되어야 한다. 체중은 왼발에 약 60% 오른발에 40% 정도의 비중을 준다.

스탠스는 홀컵을 목표 선으로 해서 일치되게 서는 스퀘어 스탠스, 약간 오른발을 뒤로 빼고 몸을 닫아주고 서는 크로스 스탠스, 그리고 위에서 말했듯

스탠스(11자)

크로스 스탠스

오픈 스탠스

이 프로들이 주로 사용하는 오픈 스탠스가 있다. 이는 몸을 약간 열어주는 것이다. 그 이유는 홀컵을 좀 더 넓은 시야로 볼수있게 하는 이점과 백스윙을 편하게 할 수 있다.

　스퀘어 스탠스는 양발의 앞쪽 끝부분을 목표 선에 대해 평행하게 하는 것이며, 크로스 스탠스는 왼발의 발끝을 목표 선에 맞추는 것이며 주로 훅 라이에 취하는 것이 좋다. 오픈 스탠스는 오른발의 발끝을 목표선과 일치하게 서는 것을 말한다. 슬라이스 라이에 취하는 것이 좋다.

3. 어깨와 팔, 손 (shoulder, arm, hand)

　어깨는 오른쪽 어깨를 왼쪽 어깨보다 조금 낮춰주고, 양쪽 어깨를 잇는 선은 발, 무릎과 마찬가지로 홀 선에 평행이 되도록 한다. 팔은 Ben Crenshaw처럼 밑으로 축 펼쳐서 내려트리는 사람도 있고 Jack Nicklaus처럼 양팔을 구부리는 사람도 있다. 자기 체형과 기호에 맞게 조절하는 것이 좋다. 손으로 잡는 세기는 클럽이 땅에 떨어지지 않을 정도로서 부드럽게 잡는 것이 좋다. 그리고 어깨 팔손이 일체가 되어 삼각형을 만들고 히프와 다리는 움직이지 않은 채 볼을 쳐야한다.

4. 볼의 위치 (ball positional)

　볼의 위치는 눈에서 볼을 바라보았을 때 직선으로 마주치는 지점에 놓여 있어야 한다. 아마추어는 두 다리사이에 볼을 놓는다. 그 이유는 볼이 눈 밑에 가깝게 있어서 정확하게 볼을 칠 수 있기 때문이다. 프로는 양발사이의 중앙에서 왼발 쪽으로 볼을 놓는다. 왜냐하면 볼은 조금 멀리 있지만 볼을 맞는 순간 자연스럽게 퍼터가 올라가서 볼이 스핀을 먹고 굴러가 잔디의 상태(lie)에 영향을 많이 받지 않기 때문이다.

5. 시선

　시선은 볼을 치기 전부터 치기까지 끝까지 바라보고 치고 난 후 볼이 조금 간 후에 볼이 가는 방향을 바라본다. 볼을 침과 동시에 고개를 들어 볼을 쳐다보지 않도록 주의한다.

6. 스윙 (swing)

　스윙은 홀의 거리가 아주 짧을 경우에 백스윙(back swing)과 포워드 스윙(foward swing)을 타켓의 방향으로 직선으로 해준다. 그러나 홀이 멀리 있을 경우에는 자연스럽게 인에서 볼을 치고 인으로 스윙을 한다. 그렇지 않고 먼 경우에 직선으로 백스윙을 길게 하고 포워드 스윙도 길게 한다면 스윙이 흐트러진다. 그러나 마음속으로는 퍼터페이스가 언제나 타켓에 스퀘어로 간다고 생각해야 한다. 홀 거리가 아주 멀리 있을 경우에는 볼과 발 사이에 거리를 더 늘린 상태에서 백스윙을 더 크게 구사한다. 모든 퍼팅에서 백스윙과 포워드 스윙을 일부러 같게 하거나 다르게 할 필요는 없고 자연스럽게 한다. 일반적으로 거리가 짧을 때는 백스윙 때 포워드 스윙을 1대 2로 좀 더 멀면 1대 3으로 하는데 롱 퍼트 같은 경우 백스윙에서 뒤로 뺀는 데 한계가 있으므로 때리는 강도를 인에서 인으로 하면서 세게 한다. 근본적으로 홀의 길이가 길면 길수록 백스윙을 길게 한다. 퍼팅은 백스윙의 크기와 스윙의 스피드, 볼을 치는 파워에 의해 정해진다. 그러나 백스윙을 작게 하지만 스피드나 파워를 세게 하고 백스윙을 크게 하지만 스윙의 스피드나 파워를 적게 하는 등 여러 가지 변수가 있으므로 자신에 맞는 스윙을 개발해야 한다.

　공을 때리는 방식은 두 가지로 나눌 수가 있다. 스트로크형과 탭형이다.

　스트로크형은 클럽헤드를 휘둘러서 클럽 헤드가 움직이는 속도로 공을 히팅 하는 것이고 탭형은 손목을 사용하거나 팔을 사용하여 공을 때리는 것을 말한다. 탭 형은 공을 강하게 칠 수 있으므로 잔디의 결이 강하고 그린이 무거운 경우나 긴 롱퍼팅, 짧은 숏 퍼팅에 유용하다. 스트로크형은 방향성이 좋고 컨트롤이 편하므로 빠른 그린이나 내리막 퍼팅, 롱퍼팅, 미들퍼팅에 좋다.

7. 스트로크 루틴 (stroke routine)

　먼저 볼과 홀의 거리를 계산을 하고 볼이 있는 방향에서 홀 쪽을 쳐다보며 경사면을 관찰하고 다시 볼 반대쪽 즉, 홀이 있는 방향에서 볼 쪽을 쳐다보며 경사면을 관찰한다. 볼 쪽에서 보았을 때 경사가 왼쪽으로 되었는데 볼의 반대쪽으로 가서 보았을 때 방향이 반대로 되었을 때가 종종 있다. 따라서 양쪽에서 확인을 해야 하고 특히 홀에 가깝게 있는 경사도를 잘 살펴야 한다. 라이(lie)를 결정하고 홀의 어느 지점에 볼을 보내야 할 것과 어느 정도의 백스윙과 스피드, 파워 등을 생각하고 스탠스를 취한다. 연습 스윙을 한 두 번하고 완전한 스탠스를 취한 후에 볼을 쳐다보고 다시 홀을 한번 본 후 볼을 다시 보고 스트로크를 한다. 볼은 일단 홀을 지나가야 들어갈 확률이 있어 지나가게 하며 만일 지나치더라도 지나친 방향을 유심히 관찰한다. 그래서 만일 안 들어갔을 때 거꾸로 관찰한 라이를 참조한다면 볼을 쉽게 넣을 수 있다.

"Never up, Never in이라는 말처럼 지나가지 않으면 들어가지 않는다"라는 말이 있는데 닉팔도의 경우는 언제나 50~70cm 정도 더 지나는 샷을 하며 30cm 정도 지나가게 치는 것이 좋으며 이때 볼이 목표선을 따라 정확하게 굴러가 홀에 들어갈 수 있을 뿐만 아니라 만일 미스 했을 경우 다음 샷의 라이를 미리 알 수 있다. 그리고 퍼팅을 하기 전에 클럽 페이스가 스퀘어로 만들기 위하여 아래 그림과 같이 어드레스보다 손을 약간 왼쪽으로 가져간다.

탑프로와 함께하는
재미있는 골프

Chapter 15.

트러블 샷

탑프로와 함께하는
재미있는 골프

Chapter 15.
트러블 샷

트러블(trouble) 샷이란 볼이 놓여있는 상태가 좋지 않아서 아주 치기가 힘든 것을 말한다. 여기에는 여러 가지의 종류가 있는데 만일 트러블 샷이 러프에 있다면 클럽 선택에 시중을 기해야 한다.

1. 내리막 경사지의 샷 (왼발이 오른발보다 낮은 경우, The down hill lie)

다운 힐은 가장 어려운 샷으로 어드레스 시 약간 오픈 스탠스를 취해주며 스탠스의 폭은 약간 더 넓게 해주며 볼의 위치는 오른쪽으로 이동시켜준다. (그러나 그렉 노먼 같은 프로는 볼을 중앙에 위치시켜 놓는다) 볼 위치로서 경사진 윗 쪽에 놓아야 뒷 땅을 치지 않으므로 오른쪽에 놓는다. 내리막 경사지에서 슬라이스가 유발되므로 목표지점보다 클럽 페이스는 왼쪽을 겨냥한다. 체중은 오른쪽으로

기울어지지 않게 왼발에 실어주어 어깨선이 경사지와 나란히 평행으로 해주며 백스윙은 가파르게 들어주고 다운스윙은 예각으로 쳐주며 가능한 부드러운 스윙이 되도록 한다. 볼의 탄도는 낮은 탄도가 되며 런이 많이 발생되므로 한 클럽 짧게 선택한다. (예를 들면 그린 노면은 6번 아이언의 거리라면 7번 아이언을 선택한다. 그러나 잭 니클라우스의 경우는 같은 6번 아이언으로 그립을 짧게 잡는다) 다운스윙 시 주의할 점은 왼 무릎이 펴지지 않도록 해주어야 탑 핑(볼의 윗부분을 타격 하는 것)을 예방할 수 있다.

2. 오르막 경사지의 샷 (왼발이 오른발보다 높은 경우, The uphill lie)

비교적 쉬운 샷으로 어드레스 시 스탠스를 넓게 오픈 자세를 취해주며 볼의 위치는 중앙에서 경사지의 정도에 따라 경사가 심할수록 왼쪽으로 이동시켜준다. 오르막 경사지에서 훅이 유발되므로 목표지점보다 클럽페이스는 오른쪽을 겨냥한다. 체중은 오른발 쪽에 실리게 되며 무릎은 충분히 구부려 주고 어깨는 경사 지면과 수평이 되도록 해주어야 한다. 만약 수평이 되지 않으면 볼보다 뒷 땅을 먼저 치게 된다. 볼의 탄도는 높고 비거리는 줄어들게 되므로 경사도에 따라 한 클럽 내지 두 클럽 정도 길게 잡아준다. (예를 들면 그렉 노먼은 6번 아이언의 거리라면 5번 아이언을 선택한다. 그러나 잭 니클라우스의 경우는 같은 6번 아이언으로 그립을 길게 잡는다) 백스윙을 충분히 하여 주고 피니쉬 자세에서는 체중이 왼쪽으로 실려야 되며 거꾸로 과도하게 오른쪽으로 실리지 않도록 주의해야 하고 팔로우 스로우로와 피니쉬를 짧게 컨트롤 샷을 한다.

3. 측면 오르막 경사지의 샷 (볼이 발보다 높게 있는 경우, The ball above the feet)

볼이 스탠스보다 높게 위치한 경우로 몸과 볼이 가까워지게 되므로 1클럽 긴 것을 짧게 잡아주어야 하며 체중은 좌우 균등하게 실어주고 안정된 자세를 위해 약간 넓게 취하며 체중은 앞쪽(발가락 쪽)에 두고 볼의 위치는 중앙에 위치시켜준다. 클럽헤드는 스퀘어가 되지 않고 빨리 닫히게 되므로 훅이 유발되며 따라서 목표지점보다 오른쪽으로 겨냥하여야 하며 스윙 시 머리와 볼이 거리가 유지되어야 더프(Duff : 타구 시 공 뒤의 지면을 때리는 것)를 예방할 수 있다. 스윙은 완전한 백스윙과 팔로스루를 충분히 해주어야 한다.

4. 측면 내리막 경사지의 샷 (볼이 발보다 낮게 있는 경우, The ball below the feet)

볼이 스탠스보다 낮게 위치하여 스윙하기가 가장 어려운 샷이다. 무릎과 허리가 과도하게 숙여지게 되어 클럽을 경사도에 따라 한 클럽이나 두 클럽 길게 잡아주고 오버 스윙을 하지 않는다. 체중은 좌우 균등하게 실어주며 스탠스는 넓게 잡아주고 무게 중심은 낮추고 쪼그려 앉는 자세를 취해야 한다. 볼의 위치는 중앙에 위치시켜 주며 슬라이스가 유발되므로 목표지점보다 왼쪽을 겨냥하고 스윙 시 허리가 움직이게 되면 더프와 탑 핑이 유발되기 쉽다. 체중의 이동은 억제를 하고 어깨의 회전과 팔로 가볍게 스윙한다. 경사도가 심하면 약간 왼쪽 방향을 봄과 동시에 클럽을 약간 닫혀준다.

5. 맞바람이 불 때

맞바람이 불 때는 낮은 탄도의 샷을 구사하여야 공략이 가능하다. 볼은 오른발 쪽에 두며 체중은 왼발 쪽에 실어주고 방향은 볼을 왼쪽에 놓은 만큼 약간 왼쪽으로 향해 준다. 다운스윙 시 샤프트는 안쪽으로 낮게 더 내려야 낮게 깎아 칠 수 있으며 피니쉬는 낮게 해준다. 볼이 뜨면 저항을 많이 받기 때문에 비거리는 줄게 되므로 한 클럽 내지 두 클럽 높게 잡고 클럽 페이스는 약간 닫고 샷을 한다. 페이드나 드로우 샷은 바람의 저항을 받아 더 많은 페이드 볼과 드로우가 걸리게 된다. 티샷을 할 때는 티를 더 낮게 꽂고 샷을 한다.

6. 뒷바람이 불 때

볼을 조금 높게 띄우는 샷을 하도록 볼을 약간 왼쪽에 방향은 오른쪽 방향으로 어드레스를 취하한다. 피니쉬는 왼쪽 귀 방향 높이 정도로 높게 가져다주면 좋다. 높은 탄도의 샷은 바람의 영향을 받아 거리가 늘게 되므로 한 클럽 짧게 잡아야 하며 페이드나 드로우 샷은 바람의 영향을 페이드와 드로우가 적게 생긴다. 티샷을 할 때는 티를 더 높게 꽂고 샷을 한다.

7. 바람이 오른쪽에서 왼쪽으로 불 때

바람의 방향을 알기 위해서는 잔디를 날려 보거나 깃발의 날리는 방향 또는 나무의 흔들림으로 파악한다. 안에서 왼쪽으로 바람이 불 때 바람의 영향으로 볼이 훅성이 되므로 목표지점보다 오른쪽을 겨냥하여 샷을 하거나 페이드 샷을 구사한다. 볼의 비거리는 줄어들게 되므로 바람의 세기에 따라 한 클럽이나 두 클럽 길게 잡는다.

8. 바람이 왼쪽에서 오른쪽으로 불 때

바람이 불 때 우드보다는 아이언을 선택하여야 하는데 이는 샤프트가 길거나 클럽 헤드가 크게 되면 바람의 저항을 많이 받기 때문이다. 바람이 왼쪽에서 오른쪽으로 불 때 바람의 영향으로 볼이 슬라이성이 되므로 목표지점보다 왼쪽을 겨냥하여 샷을 하거나 드로우 샷을 구사한다. 이때도 볼의 비거리는 줄어들게 되므로 한 클럽이나 두 클럽 길게 잡는다.

바람의 방향과 상관없이 7번 아이언으로 세컨샷을 할 때 바람을 이기기 위하여 강하게 임팩트를 하게 되면 백스핀을 많이 먹게 되고 백스핀의 양만큼 볼이 더 뜨고 비거리는 줄게 된다. 그래서 이를 예방하기 위해서는 한 클럽 길게 잡고 스탠스를 넓게 한 후 스윙을 낮게 하여 부드러운 스윙을 한다.

9. 러프 샷 (Rough Shot)

러프에서는 제일 먼저 탈출을 시도해야 하는데 이것을 위해서는 클럽의 선택이 중요하다. 러프

위에 볼이 잘 올려져 있을 때는 우드를 사용한다. 그러나 볼의 놓인 상태가 좋지 않고 잔디가 길 경우에는 사용하지 않는 것이 좋다. 볼이 긴 러프 속에 잠겨 있을 때는 풀이 샷을 할 때 클럽 헤드를 감기 때문에 롱 아이언보다는 클럽의 각도가 큰 숏 아이언을 잡고 클럽헤드를 오픈하고 먼저 탈출을 시도한다. 볼은 풀의 저항을 받아 훅성 구질이 나타나므로 약간 오른쪽을 겨냥하여 위에서 밑으로 치는 다운블로 샷을 하거나 아웃에서 인 스윙으로 풀을 자르며 샷을 할 때는 오른쪽 방향이 아닌 타켓 방향으로 정조준 한다. 그래야 아웃에서 인으로 할 때 원래는 왼쪽으로 볼이 나가나 풀의 저항으로 풀이 갈라지며 마찰을 내 볼이 정면으로 날아간다. 볼의 위치는 중앙에 위치시키고 체중은 왼발에 60%를 실어준다. 그립은 단단하게 잡아주고 백스윙 시 코킹을 빨리하고 가파르게 들며 위에서 밑으로 찍어 치는 다운블로 샷을 사용한다.

10. 디봇(divot)이나 맨땅에 볼이 위치했을 때

어드레스 시 볼의 위치는 오른쪽에 위치시키며 체중은 왼쪽에 더 많이 실어준다. 테이크 어웨이는 최대한 짧게 해주며 스윙 시 체중이동은 거의 하지 않는다. 클럽 페이스는 약간 닫고 평상시보다도 강하게 샷을 한다.

뒷땅이나 톱핑을 막는다는 의미에서 클럽을 약간 짧게 쥐고 위에서 날카롭게 내려치는 샷을 한다. 그리고 볼 위치를 오른쪽에 둔 만큼 슬라이스가 나올 것을 계산해서 스탠스를 오픈으로 해주어야 한다. 클럽 선택은 디봇의 폭이 좁으면서 깊이 파여 있는 경우라면 로프트가 큰 숏 아이언을 택하고 디봇의 폭은 넓고 깊이가 깊은 경우라면 남은 거리와 상관없이 미들 아이언을 택해야 한다. 그리고 디봇의 폭이 넓으면서 깊이가 깊지 않은 경우라면 페어웨이 우드나 롱 아이언을 사용해도 좋다. 맨땅에서의 클럽 선택은 딱딱한 흙이라면 평소와 같이 선택을 해도 무방하다. 그러나 부드러운 흙이라면 한두 클럽 짧게 선택해야 한다. 흙의 저항을 생각해서 클럽의 로프트가 필요하기 때문이다.

11. 우천 시

비가 오는 날은 볼이 굴러가는 런이 적은만큼 이에 대한 보상심리로 인해 비거리를 늘리기 위해 스윙을 크게 휘두르는데 문제가 있다. 비가 조금 왔다면 6번 아이언의 거리에서는 5번 아이언을 잡고 비가 많이 왔다면 4번 아이언을 잡아야 한다. 특히 비오는 날은 뒷땅을 치지 않도록 주의해야 한다.

　비오는 날은 클럽을 짧게 쥐고 볼을 정확히 맞출 수 있는 확률을 높이는 것이 중요하다. 그리고 하체를 안정시키는 어드레스를 해야 한다. 비 오는 날이 꼭 단점만 있는 것은 아니다. 런이 없는 만큼 핀을 공략하기가 쉬워지는 장점도 있다.

　비오는 날은 체온유지를 위하여 옷을 많이 입고 비옷 또한 잊지 않아야 한다. 그리고 그립이나 장갑이 젖지 않도록 주의해야 하고 여분의 장갑을 준비하는 것이 좋다.

12. 땅이 축축할 경우

　땅이 축축할 경우 우드를 사용하지 말고 아이언을 사용한다. 스탠스는 좁게 하고 약간 오픈된 상태에서 백스윙을 가파르게 한다. 백스윙을 적게 하고 무릎을 구부려서 미끄러지지 않도록 샷을 한다.

13. 나무를 넘겨야 할 경우

　먼저 나무까지의 거리와 높이를 파악하는 것이 중요하다.
　볼의 위치는 왼 발 쪽에 두고 체중은 좌우 균등하게 싣는다. 그리고 클럽 페이스를 오픈 시키고 방향을 조절하여 띄우려고 하지 말고 클럽의 로프트 각도가 있어 자연스럽게 올라가므로 자연스럽게 치면 된다. 나무의 높이의 각도를 가늠하기 힘들 때는 클럽을 나무쪽으로 놓고 클럽의 페이스를 발로 밟았을 때 그립이 하늘로 향하는 방향이 각도이다. 이때 그립이 나무 꼭대기보다 높은 방향으로 향해 있다면 넘길 수 있다.

14. 숲에 들어갔을 경우

　공이 숲에 들어갔을 때는 거리보다는 페어웨이 쪽으로 내보낸다는 생각으로 샷을 해야 한다. 볼을 띄우기보다는 굴리는 샷 위주가 좋다. 로프트가 적은 클럽으로 스탠스는 약간 좁은 듯이 하고 볼 위치는 중간에 놓는다. 그리고 페이스를 닫아준 상태로 스윙은 작게 한다.

탑프로와 함께하는
재미있는 골프

Chapter 16.

벙커샷(bunker)

탑프로와 함께하는
재미있는 골프

Chapter 16.
벙커샷(bunker)

　모래로 된 장애 구역에 있는 볼을 치는 것을 말한다. 여기에는 짧은 벙커샷, 긴 벙커샷, 모래 속에 묻힌 벙커샷 등의 여러 가지의 샷들이 있다.

　벙커샷은 보통 샌드웨지(sandwedg)가 쓰인다. 홀과 벙커의 거리가 짧을 경우에는 스탠스를 약간 오픈하고 체중을 왼발에 60% 정도 싣고 볼을 양발사이에 중앙에서 약간 왼쪽에 놓은 것이 좋다. 그립을 잡는 강도는 보통 클럽을 잡는 것보다 약간 강하게 잡고 클럽페이스는 조금 열어 놓는다. 볼 뒤에 약3-4인치 정도 뒤에 모래를 내려치며, 백스윙은 거리에 따라 조절된다. 예를 들어 벙커와 홀의 거리가 길면 길수록 백스윙의 길이를 길게 하고 홀과 벙커의 길이가 가까우면 백스윙의 길이가 작아진다. 백스윙의 길이는 클럽이 어깨 뒤에 평행으로 되어져 있는 것을 90%로 가장할 때 보통 45% 정도가 적당하며 팔로스로우도 백스윙의 거리만큼 한다. 하체의 움직임은 최소한으로 하고 코킹은 자연스럽게 한다.

　벙커와 홀과의 거리가 긴 경우에는 모래 뒤에 약 1인치 정도를 겨냥하고 아이언 7, 8, 9번 등을 사용한다. 벙커와 홀의 길이가 아주 멀리 있을 경우에는 거리를 조절하고 모래 속에 발을 깊게 묻히게 하고 스탠스를 정한다음 묻힌 만큼 클럽을 짧게 잡는다. 볼을 아이언 샷처럼 볼을 직접 가격한다. 모래가 축축하거나 딱딱할 때는 클럽페이스를 스퀘어로 맞추고 샷을 시도한다. 볼이 모래에

벙커샷

살짝 묻혔을 때를 파 셜리 플러그드(partially plugged)라고 하는 데 이때는 보통 벙커샷처럼 비슷하게 구사하고 볼의 절반이상이 모래 속에 박혀있을 때 플러그드 라이(plugged lie)라고 하는데 이때에는 클럽페이스를 스퀘어로 하고 모래 뒤에 1인치 정도의 뒤를 가격한다. 볼이 완전히 박혀있을 때를 프라이드 에그(fried egg)라고 부르는데 이때에는 클럽페이스를 스퀘어로 하고 볼이 묻힌 가장자리를 내려친다. 그러나 볼이 땅에 묻혔을 때도 클럽페이스를 닫지 않고 열어서 충분한 힘을 가하여 샷을 구사할 수도 있는데 주로 프로들이 이용한다.

오르막 경사 벙커샷

오르막 경사에서의 벙커샷은 공을 몸의 중앙에 놓고 체중은 오른발에 60% 왼발에 40%로 분배한다. 샷을 할 때는 백스윙 시 양손이 오른쪽 어깨이상 올라가지 않도록 해준다. 그리고 팔로스로우 때는 클럽 헤드 높이의 위치가 벙커의 턱보다 높게 하이 팔로스로우 해주어야 한다.

내리막 경사에서의 벙커샷은 가장 어려운 벙커샷 중 하나이다. 지면의 경사도 때문에 모래보다 공을 먼저 맞추게 되거나 공을 띄우기가 어렵기 때문이다. 이런 경우에는 체중의 분배를 왼발에 60% 오른발에 40%로 분배한다. 스탠스는 오픈으로 해주고 아웃사이드 테이크 백을 하고 오른쪽 어깨 높이 정도만 해준다. 다운스윙은 체중이동과 함께 아웃사이드에서 인사이드의 궤도로 한다.

내리막 경사 벙커샷

턱이 높은 벙커샷은 공을 높이 띄워주어야 한다. 이런 벙커는 주로 핀이 벙커 가까이에 위치한다. 스탠스는 오픈 스탠스를 취하고 체중은 오른발에 조금 더 실어준다. 클럽페이스는 평소보다 더 오픈시켜준다. 스윙은 아웃사이드에서 인사이드로 하고 팔로스로우로와 피니쉬를 벙커 턱의 높이보다 높게 해준다.

턱 벙커샷

　턱이 낮은 벙커샷은 일단 라이부터 파악한다. 라이가 나쁠 경우는 평소와 같은 벙커샷을 하고 라이가 좋을 시에는 피칭웨지나 9번 아이언을 사용해도 무방하다.

　모든 벙커샷에서 어드레스를 취할 때는 발끝과 무릎 히프 어깨선은 홀의 왼쪽 방향으로 평행하게 일직선이 되게 한다.

탑프로와 함께하는
재미있는 골프

Chapter 17.

치핑 샷(chipping)

탑프로와 함께하는
재미있는 골프

Chapter 17.
치핑 샷(chipping)

치핑 샷은 볼이 그린 주변에 떨어진 볼을 홀 사이에 붙이거나 넣기 위한 샷을 말한다.

이 종류에는 볼을 단지 굴려서 홀에 보내는 Chipping 방법과 볼을 적은 스핀으로 낮게 띄워서 두세 번 이상의 바운스 한 후에 굴러가게 해서 보내는 Bump-and-Run 방법이 있다.

치핑은 보통 퍼팅할 때와 마찬가지로 샷을 구사한다. 그린과 홀 사이의 상태가 좋으면 치핑샷 대신에 퍼터를 이용하면 좋다. 그러나 잔디의 상태나 라이가 좋지 않다면 치핑 샷을 구사하는 것이 바람직하다. 어떤 학자는 "치핑 샷을 최소한 공중에 떠 있는 시간과 최대한의 지면에 구르는 시간(minimum air time, maximum ground time)"이라고 명명하였다. 이 말은 최대한 볼을 띄우지 않고 굴린다는 뜻이다.

치핑 샷은 보통 아래의 그림처럼 거리에 따라 모든 아이언을 사용한다. 스탠스는 좁게 서고 체중은 왼발에 약 70%를 싣고 클럽페이스는 타겟 방향의 스퀘어로 한다. 그립의 끝은 왼쪽허벅지에 오게 하고 볼의 위치는 눈이 지면을 바라보았을 때 수직으로 떨어지는 오른발 위에 놓이는 것이 좋다. Dave Pelz(1999)는 클럽에 따라 아래의 그림과 같이 볼이 떨어지고 (carry) 구른다고 (roll) 하였다.

4번 아이언은 칩샷을 할 때에 1.0yard 높이로서 볼이 떨어지는 지점(carry)이 10.1yard, 구르는 것은 50.8yard 따라서 총 60.9yard인데 반해 피칭웨지는 2.9yard 높이로서 볼이 떨어지는 지점(carry)

치핑샷

이 19.9yard, 구르는 것은 36.8yard, 총 56.7yard로 나타났다. 이는 클럽의 각도가 낮을수록 볼이 낮게 뜨고 많이 구르며 클럽의 각도가 높을수록 볼이 높게 뜨고 적게 구르는 것을 의미한다. 따라서 치핑 샷은 보통 7,8,9번 아이언을 많이 사용하고 때에 따라서 피칭웨지(pitching wedge), 샌드웨지(sand wedge)도 이용된다.

백스윙은 거리에 따라 길고 짧게 하며 팔로스로우로는 백스윙보다 작게 한다. Bump-and-Run은 바람의 영향을 받지 않을 때, 그린이 빠를 때와 딱딱할 때에 이용하며 칩샷과는 달리 최소한 두세 번이나 그 이상의 바운스 후에 볼이 굴러가게 해서 홀에 붙이는 방법으로 보통 50yard 정도에서 많이 사용하고 100yard 이내 일지라도 상관없다. 이것은 볼이 낮을수록 더 정확성이 있고 스핀이 적게 먹을수록 좋으며 보통 5번이나 6번 아이언을 많이 사용한다. 치핑 샷과 다른 점은 볼을 두 다리 사이의 중간에 놓으며 백스윙과 팔로스로우를 크게 하는 것이다.

칩샷의 몇 가지 응용 부분을 살펴보자면, 먼저 퍼터를 사용하는 경우가 있다. 그린 주위에 볼이 있을 때 잔디의 상태를 봐서 습기에 젖어 있지 않거나 짧게 깎여져 있다면 퍼터를 사용할 수 있다.

사이드 힐 라이일 때는 볼의 위치가 발보다 낮다면 볼에 가까이 서고 체중을 안쪽에 둔다. 허리는 깊게 굽히고 목표의 왼쪽을 겨냥해 어드레스를 한다. 볼의 위치가 발보다 높다면 스윙이 플랫

하게 된다. 이때는 볼과 약간 떨어지고 볼의 위치는 중앙에 가깝게 놓는다. 체중은 발끝에 두고 클럽을 짧게 쥔다. 목표의 오른쪽을 향해서 샷을 해야 한다.

오르막에서는 어깨의 선을 경사와 평행이 되도록 하여 체중을 오른발에 둔다. 볼은 왼 발 쪽에 두도록 한다.

내리막에서는 클럽의 로프트를 적게 해주어야 한다. 볼의 위치는 오른발의 안쪽에 두고 체중은 왼발에 싣는다. 클럽은 피칭웨지나 샌드웨지처럼 로프트가 많은 것을 사용한다. 런이 많이 나오는 것도 생각을 해야 한다.

높은 위치의 그린을 공략할 경우는 핀이 앞쪽에 있을 때는 피칭웨지나 샌드웨지를 사용하고 긴 오르막이며 경사가 완만할 때는 8번 아이언이나 7번 아이언으로 굴려 보낸다. 이때 공의 낙하지점을 정하고 바운드를 계산해서 샷을 한다.

낮은 위치의 그린을 공략할 때는 스탠스를 스퀘어로 하고 볼도 약간 오른쪽으로 위치한다. 클럽페이스도 스퀘어하게 어드레스를 한다.

길이가 길고 평지일 경우 굴리는 칩샷을 한다. 언덕의 전방에 볼을 부딪쳐 감속되면서 언덕의 정상으로 올라가고 그런 다음 떨어져 굴러가는 샷이다. 볼이 그린 에지에 위치할 경우는 거리에 따라 7,8,9번을 사용하지만 보통 9번 아이언을 사용하며 퍼팅과 같이 스트로크를 하는 것도 에러를 줄일 수가 있다.

잔디가 없는 맨땅에서는 볼을 오른발 위 쪽에 놓고 그립은 핸드 퍼스트로 볼의 앞쪽에 두며 어깨만을 사용해서 스윙을 한다.

탑프로와 함께하는
재미있는 골프

Chapter 18.

피칭 샷 (pitching)

탑프로와 함께하는
재미있는 골프

Chapter 18.
피칭 샷(pitching)

피칭 샷은 그린에 멀리 떨어져 있는 볼을 홀에 붙이는 샷으로 보통 9번 아이언, 피칭웨지(pitching wedge), 샌드웨지(sand wedge), 로브웨지(lob wedge) 등을 사용한다. 피칭샷은 "많은 공중에 떠있는 시간과 적은 지면에 있는 시간(More air time and less ground time.)"으로 명명하였다. 이는 최대한 볼을 공중으로 띄우고 볼이 적게 구른다는 것을 의미한다.

피칭 샷은 보통 퍼터나 칩샷을 할 수 없을 때 사용한다. 예를 들어 그린과 홀 사이에 벙커가 있거나 그린의 슬로프가 아주 심하거나 또한 그린의 바로 앞에 홀이 있을 경우를 말한다. 발은 약간 오픈하고 어드레스를 취할 때는 어깨선은 홀의 왼쪽 방향으로 평행하게 일직선이 되게 한다. 체중은 왼발에 60-70% 정도 싣고 클럽의 끝은 약간 왼 허벅지 쪽에 치우치게 하고 백스윙과 팔로스로우로는 치핑 샷보다 크게 한다. 볼을 더 높게 띄우려면 클럽페이스를 오픈하고 볼을 좀 더 왼쪽에 놓는다.

피칭 샷의 응용은 일단 피치 앤드 런이 있다. 이 샷은 2단 그린의 위 쪽에 있거나 핀이 그린 앞쪽 가까이에 있어 볼을 굴려 그린 위에 올려야 할 때 사용한다. 칩샷과 같이 띄우는 부분과 굴리는 부분을 생각해야 한다. 볼을 높이 올려 정지시키는 샷은 샌드웨지를 사용해 클럽 페이스보다 많은 로프트를 만든다. 스탠스는 오픈 스탠스를 취하고 그립을 위크 그립으로 잡는다. 스윙은 아웃사이

피칭 샷

드로 들어 왼손의 손목이 팔로스로우 때 클럽 페이스를 오픈을 유지하도록 한다.

스핀을 거는 펀치 샷을 하려면 9번 아이언이나 피칭웨지를 사용하도록 한다. 볼 위치는 오른쪽에 가까이 두고 체중은 왼발에 실리도록 한다. 샷을 할 때 체중 이동은 하지 않는다. 팔로스로우 때도 클럽 헤드는 목표에 향해 낮게 보낸다.

볼이 디봇에 들어갔을 때는 체중을 왼발에 두고 볼 위치는 오른쪽으로 놓는다. 그리고 업라이트 한 테이크백을 취하고 볼을 찍어 친다. 이러면 다운스윙 중간에 볼을 때리게 된다.

깊은 러프에서의 피칭 샷은 샌드웨지를 사용하며 손목을 빠르게 코킹 하여 업라이트 한 스윙을 해준다. 클럽 페이스의 스탠스는 열어놓고 볼은 오른발 쪽에 가까이 둔다. 볼이 낙하해서 런이 많다는 것도 생각해야 한다.

바닥이 단단한 상태에서의 피칭 샷은 피칭웨지를 사용하여 클럽 페이스를 스퀘어하게 취한다. 볼은 오른쪽에 가깝게 두고 손의 위치는 왼쪽에 둔다. 체중은 왼발에 싣는다.

모래땅에서의 피칭 샷은 두 가지로 나누어 라이가 좋을 때는 체중을 왼쪽에 싣고 볼은 오른쪽에 둔다. 9번 아이언이나 피칭웨지를 사용해 페이스를 스퀘어하게 어드레스를 한다. 약간 톱볼이 되는 듯 한 기분으로 샷을 한다. 라이가 나쁠 때는 벙커샷을 해준다.

옆에서 바람이 불 때는 그 바람에 대해 스트레이트로 샷을 해준다. 오른쪽에서 바람이 분다면 슬라이스 성 볼을 쳐주는 것이다.

탑프로와 함께하는
재미있는 골프

Chapter 19.

골프의 경기방식

탑프로와 함께하는
재미있는 골프

Chapter 19.
골프의 경기방식

골프는 경기방식이 아주 많으며 서로 실력 차가 있더라도 조금이라도 동등한 플레이를 할 수 있도록 하는 여러 가지의 방식들이 많이 있다.

이런 여러 방식의 경기는 플레이어로 하여금 즐기는 골프를 할 수 있게 해주고, 좀 더 골프의 묘미를 느낄 수 있게 해준다.

스트로크(stroke) 플레이는 가장 일반적인 경기방식으로 메달 플레이라고도 한다. 18홀 전체의 점수를 기록하여 각 홀의 스코어를 합산하여 가장 낮은 타수를 낸 선수가 우승을 하는 것이다. 이 경기방식은 주로 프로, 아마추어 시합에서 사용된다. 그리고 스트로크 플레이는 한 사람과 경기를 하는 것이 아니고 시합에 나오는 모든 사람과 경기를 하는 것이다.

매치 플레이는 스트로크 플레이와 달리 각 홀의 승자를 가리고, 모든 라운드가 종료한 후에 이긴 홀수를 계산해서 이긴 홀수가 많은 선수가 승자가 되도록 하는 진정한 승자를 결정하는 경기방식이다.

그래서 매치 플레이는 1대1로 경기가 진행된다. 각 홀에서의 승을 업(up)이라 하고, 패를 다운(down), 무승부를 하브(halve) 또는 스퀘어(square)라 칭하는데 이 경기방식은 꼭 18홀 전부를 다 플레이하지 않고도 경기가 종료되기도 한다. 한 플레이어가 다른 플레이어에 대해 승리한 홀이 많아 18홀까지 다 플레이한다 해도 경기를 뒤집을 수 없는 시점이 있는데 그 홀에서 경기의 승패는 결정 난다.

포섬이란 경기방식은 다른 말로 스코틀랜드식 포섬이라 불리기도 하는데 4명의 플레이어가 2명씩 조를 나누어 하나의 볼만 사용하며 교대로 샷을 하는 경기 방식이다.

한 플레이어가 첫 홀과 홀수 번호의 홀에서 티샷을 하게 되면 나머지 플레이어가 짝수번호의 홀에서 티샷을 한다. 이 경기방식은 스트로크 플레이, 매치 플레이 둘 다 가능하다.

포볼 베터볼(Four Ball Better Ball)은 4명이 플레이를 하는데 2명이 한 조가 되어 매치 플레이 형식으로 이루어진다. 한 조의 2사람 중 더 낮은 스코어를 선택한다.

그린 섬 이란 경기방식은 2명이 한 조가 되어 경기를 하는데 4명 모두 티샷을 하고 2개의 볼 중 더 나은 위치의 볼을 선택하여 두 플레이어가 교대로 플레이하여 홀 아웃을 하는 방식이다. 티샷이 선택되지 않은 플레이어가 세컨샷을 한다. 그린 섬은 스트로크 플레이, 또는 스테이블 포드로도 플레이할 수 있다.

스테이블 포드 경기방식은 포인트 터니라 하기도 하는데 파를 기준으로 보기는 1점, 파는 2점, 버디는 3점, 이글이나 홀인원은 4점, 알바트로스는 5점, 더블보기 이하는 0점으로 계산하여 가장 많은 점수를 기록한 사람이 승자가 되는 것이다.

어게인스트 파란 경기방식은 매치 플레이 형식과 비슷하다. 파를 0로 하고 버디를 +1, 이글을 +2와 같이 하며 보기를 -1, 더블보기를 -2와 같이 표시한다. 경기 종료 후 +가 많은 사람이 승자가 되는 경기 방식이다.

포볼매치는 1대1로 경기를 진행하는 매치 플레이에 반해 1명이 각각 남은 3명에 대해 동시에 진행하는 매치 플레이다. 한 사람에게 이긴다 해도 나머지 두 사람에게 질 수도 있는 경기방법이다. 세 명이 경기할 경우 쓰리 볼 매치가 된다.

베스트 볼은 한 사람에 대해 나머지 플레이어가 페어를 짜서 그 조 중에서 가장 좋은 스코어로 승패를 결정짓는 경기방식이다. 프로나 싱글 플레이어 등 실력이 좋은 사람에 대해 핸디캡이 많은 사람을 편성해서 진행하는 케이스가 많다.

스코어 (score)

골프 코스의 각 홀에는 기준 타수인 파(Par)가 정해져 있다.

롱홀은 기준타수인 파가 5이다. 이는 5타를 쳐서 홀 아웃(Hole Out)을 하는 경우를 말한다. 미들홀은 파가 4이고, 숏 홀은 파가 3이다. 골프코스는 총 18홀인데 대부분의 홀은 롱홀, 미들홀, 숏 홀 순으로 4, 10, 4 비율이다. 이는 코스에 따라 조금씩 다르기도 하다. 전부 파플레이로 라운드를 마치면 72타가 되는데 이를 이븐파(Even Par)라 한다. 그리고 72타보다 적게 친 것을 언더 파(Under Par)라 하고, 72타 보다 많이 친 것을 오버파(Over Par)라 한다.

각 홀의 기준 타수인 파에서 적게 치고 많이 침에 따라 각 명칭이 있는데 파보다 한타 적게 홀 아웃을 하면 버디(Birdie)라 하고, 두타 적게 홀 아웃을 하면 이글(Eagle)이라 한다. 그리고 롱홀에서는 세타 적게 홀 아웃을 하는 경우도 있는데 이를 알바트로스(Albatross)라고 한다. 다른 말로는 더블이글(Double Eagle)이라고도 하는데 보통 잘 안 쓴다. 또한 숏 홀에서는 친 볼이 한 번에 홀인이 되는 경우가 있는데 이를 홀인원(Hole in One)이라 한다.

기준타수 파에서 한타 많게 홀 아웃을 하면 보기(Bogey)라 하고, 두타 많게 홀 아웃을 하면 더블보기(Double Bogey), 세타 많게 홀 아웃을 하면 트리플 보기(Triple Bogey)라 한다. 그리고 파의 배가 되는 경우를 더블 파(Double Par)라고 한다. 이 중 홀인원은 아마추어라도 운이 좋을 경우 나오기도 하는데 알바트로스는 실력과 운이 겸비되어야 하기 때문에 가장 어려운 것이다.

구 분	PAR 5	PAR 4	PAR 3
홀인원 (hole in one)	1	1	1
알바트로스 (albatross)	2	1	
이글 (eagle)	3	2	1
버디 (birdie)	4	3	2
파 (par)	5	4	3
보기 (bogey)	6	5	4
더블보기 (double bogey)	7	6	5
트리플보기 (triple bogey)	8	7	6
쿼드러플보기 (quadruple bogey)	9	8	7
퀸투플 보기 (Quintuple bogey)	10	9	8
더블 파 (double par)	10	8	6
섹스투플 보기 (sextuple bogey)	11	10	9
옥튜플 보기 (octuple bogey)	12	11	10
논투플 보기 (nontuple bogey)	13	12	11
데큐플보기 (decuple bogey)	14	13	12

핸디캡

골프에는 핸디캡이라는 것이 있다. 핸디캡이란 플레이어의 실력을 숫자로 나타내는 것으로 숫자가 적을수록 실력이 좋은 것이다. 핸디캡은 오버파와 비슷한데 평균 10오버파의 실력을 가진 플레이어의 핸디캡은 10 정도이다.

남자의 경우 핸디캡을 28까지 허용하고, 여자의 경우는 36까지 허용한다. 그러니 실제로 72타보다 36타 이상을 쳐도 핸디캡은 36이다. 이런 핸디캡이란 제도가 있는 건 실력의 차이가 있더라도 함께 경기를 할 수 있도록 하기 위해서이다.

예를 들어 핸디캡이 10인 사람과 30인 사람이 경기를 하면 총 타수에서 자신의 핸디캡을 빼기 때문에 동등한 경기를 할 수 있다. 이런 핸디캡에는 공식적인 핸디캡인 오피셜 핸티캡과 일반 친선 경기에서 사용되는 약식 핸디캡이 있다.

약식 핸디캡은 일반적인 플레이어의 레버리지로 결정하고, 오피셜 핸디캡은 조금 복잡하다. 일단 일정 기간 내에 특정한 코스에서 플레이한 스코어 중 가장 잘 친 스코어 카드 5장을 한국골프협회에 가져가 핸디캡 증명서를 발부받아야 한다.

탑프로와 함께하는
재미있는 골프

Chapter 20.

골프 영어

탑프로와 함께하는
재미있는 골프

Chapter 20.
골프 영어

요사이 우리나라의 많은 프로 골퍼들의 해외진출과 우승으로 인터뷰하는 모습을 종종 접할 때가 있는데 그중에 통역 없이 유창한 영어로 거침없이 대화를 하는 모습을 보면 무척 부러운 생각이 든다. 영어는 하루아침에 되는 것은 아니지만 날마다 조금씩이라도 반복한다면 훨씬 나아진다. 여기에서는 외국에 나갔을 때 쓰이는 간단한 것 만 소개하였다.

골프 예약

예약하다는 보통 make a reservation, take reservations, reserve, get a starting time, make an appointment, book, make a booking 등으로 쓰이며 골프를 예약하다는 뒤에 tee 혹은 tee off 나 play a round를 넣는다. 골프(티타임)를 예약하다: make a booking for a tee(tee off) time, make a reservation for a tee(tee off) time, make a booking to play a round, make a reservation to play round. 또한 몇 명이 예약 하느냐 일때는 player라고도 쓰지만 some으로 더 많이 사용한다. Some도 사람의 뜻이 있기 때문이다.

나는 이번주 월요일 9시에 예약을 하고 싶습니다.

I would like to make a reservation to play this (coming) Monday around 9:00 am.

I would like to make a reservation for a tee(tee off) this Monday around 9:00 am.

I would like to book to play this Monday around 9:00 am.

I would like to make an appointment for a tee(tee off) this Monday around 9:00 am.

I would like to make an appointment to play this Monday around 9:00 am.

Conversation

A : OHIO Country Club. May I help you?

　오하이오 컨트리 클럽입니다. 무엇을 도와드릴까요.

B : Yes, please. I would like to make a reservation to play this (coming) Monday around 9:30 am.

　네 이 번 주 월요일 아침 9시 30분에 예약을 하고 싶은데요.

A : I'm Sorry, We're booked up until 10 o'clock. How about 10:30?

　미안합니다. 10시 까지는 예약이 다 찼는데요. 10시 30분은 어떠세요?

B : OK, We'll take the 10:30 tee time.

　좋습니다. 그 시간으로 하겠습니다.

A : How many players will there be?

　몇 명이 오십니까?

B : Four of us will play.

　네 명입니다.

A : Can I have your name, please?

　성함을 알 수 있을까요.

B : It's Yongsuk Kim.

　김용석 입니다.

A : Thank you.

　감사합니다.

B : You are welcome.

　천만에요.

A : Good Morning, Eagle Golf Course, Tom speaking, How can I help you?

안녕하세요. 독수리 골프장의 탐입니다. 무엇을 도와 드릴까요?

B : I would like to make a reservation for a tee time.

티타임을 부킹하려는데요.

A : When would you like to play?

언제 하시는데요.

B : Are there any tee - off times available on March 8th?

3월 8일에 가능합니까?

A : Hold on, please. Yes, We have some availability. What time do you want to play?

잠깐 기다리세요. 네. 가능합니다. 몇 시로 해드릴까요.

B : I would like to have around 11 o'clock.

11시 쯤이에요.

A : How about 11:30? That time is available.

11시 30분은 어때요? 그 시간이 가능합니다.

B : Yes, that's fine.

네 좋습니다.

A : How many will be playing?

몇 분이 오세요?

B : It will be a foursome.

네 명입니다.

A : Can I have your name, please?

성함을 알 수 있을까요?

B : My name is dong soo, Wee

위 동수입니다.

A : Thank you, Mr. Wee. We will see you on March 8th.

감사 합니다. 그때 뵙겠습니다.

A : Columbus country club. May I help you?

컬럼부스 컨트리 클럽입니다. 무엇을 도와 드릴까요?

B : Yes, please. Are there any starting times available tomorrow afternoon?

내일 오후에 골프 칠 수 있습니까?

A : I'am sorry, we have nothing at that time. There is a tournament at the club and only available before 12 o'clock.

죄송합니다. 오후엔 토너먼트가 있고 오전에만 가능합니다.

B : All right, How about 10 o'clock then?

그래요. 10시엔 어때요?

A : That's fine. How many will be playing and the name of party?

좋습니다. 몇 분이 오실건가요? 그리고 성함은요?

B : It will be threesome, and my name is youngsoo Kim.

3명이고 김영수입니다.

A : Thank you, Mr. Kim. We will see your party tomorrow morning.

감사 합니다. 그럼 내일 오전에 뵙겠습니다.

예약취소

canceling a reservation(booking)이라고 하며 사정상 예약을 취소 할 때는 가능한 빨리 해줘야 골프장의 손실을 막 을 수 있다. 최근 미국의 유명 골프장에서는 그린피를 크레딧 카드로 미리 받고 취소할 때 환불을 전혀 해주지 않는 곳도 늘어나고 있어 예약문화가 빨리 정착되어야 한다. 예약을 취소하는 사람을 shameless golfer라고도 한다.

A : Good Morning Proshop, please.

안녕하세요. 프로샵 부탁합니다.

B : Good Morning Proshop, here.

안녕하세요. 프로샵입니다.

A : I am Yongsoo Choi, and I made a reservation for nine o'clock on coming Sunday, but I would like to cancel, please.

제 이름은 최 영수라고 하는데요 이번 일요일에 예약이 되었는데 취소 부탁드립니다.

B : That's all right Mr. Choi. We hope to see you here again soon.

알았습니다. 최영수씨 조만간에 다시 다시 뵙기를 바랍니다.

A : Columbus pro shop. May I help you?

콜럼부스 프로샵 입니다. 무엇을 도와드릴까요?

B : Yes, I am booked for a threesome for two o'clock on Monday May 5th under the name of Insoo Park.

5월 5일 1시에 박인수라는 이름으로 예약이 되었는데요.

A : Hold on please. Yes, I see your reservation.

잠깐 기다리세요. 네 있습니다.

B : I am really sorry, but I have to cancel this reservation.

정말 죄송한데요. 취소 부탁드립니다.

A : That is all right, Mr Park. Thank you for letting us know.

알았습니다. 알려줘서 감사합니다.

A : Good Afternoon, Newtown Pro shop. What can I help you?

안녕하세요 뉴타운 프로 샵 입니다. 무엇을 도와 드릴까요?

B : My name is Indong, Kim and I made a reservation for one o'clock on Sunday April 15th, but I was wondering if I could change the time.

제 이름은 김인동 인데요. 4월 15일 일요일 1시에 부킹이 되었는데 시간을 바꿀 수 있는지 궁금합니다.

A : Please, hold on While I check that for you. Yes, I see your reservation. What time would you like to play?

조금만 기다려 보세요. 체크해 보겠습니다. 네 예약되었군요. 몇 시로 해드릴까요?

B : Three o'clock, please.

　　3시로요.

A : That's fine. Will it be the same members as in your original booking?

　　좋습니다. 예약 때와 같은 분들인가요?

B : That's right. Thank you.

　　그렇습니다. 감사 합니다.

A : You are welcome.

　　천만에요.

당일 부킹

A : Hello, is it possible to play a round y?

　　안녕하세요 플레이 가능하나요?

B : Do you have a reservation?

　　예약 하셨나요?

A : No, but if there is any times free I would appreciate it.

　　아니요, 만일 어느 시간이라도 가능하다면 감사 하겠습니다.

B : For how many?

　　몇 분 인가요?

A : two.

　　둘입니다.

B : We have few members on the waiting list, so it will take a while.

　　웨이팅 리스트에 기다리는 사람이 있어서 조금 기다리셔야 돼요.

A : How long a wait?

　　얼마나요?

B : probably around fifty minutes.

　　약 50분요.

A : Ok, we will wait.

　　기다리겠습니다.

B : Your name please.

성함은요.

A : YS Kim.

YS 김입니다.

B : All right, Mr Kim. We will let you know when it is time.

알았습니다 김 선생님, 시간이 되면 알려 드릴께요.

A : Thank you.

감사합니다.

로컬 룰 (Local rules)

로컬 룰은 골프규칙 외에 그 골프장의 특성에 맞게 정하는 것으로서 오비나 해져드의 말뚝, 수리지 지역 등의 규칙 등을 정하는 것 등이다. 실지로 미국 LPGA 시합에서 한국선수가 비 온 뒤 잔디에 박힌 볼을 들어 올려 닦다가 벌타를 먹은 일도 있었다. 이유인즉 첫날은 허용을 했으나 둘째 날에는 금지되었던 것을 몰랐던 것. 시합 전에는 꼭 로컬 룰을 숙지하여 불이익을 받지 않도록 해야 한다.

A : Are there any local rules on this courses?

이 골프장에는 로칼룰이 있나요?

B : Yes, sometimes we allowed to pick up or move the ball.

때때로 볼을 움직이거나 집을 수가 있어요.

A : When can We touch the ball?

언제 터치 할 수 가 있나요?

B : When it is raining, if the ball is embeded, you can pick up and place the ball.

비올 때 만일 볼이 박히면 빼서 다른데 놓을 수가 있어요.

A : Is there another case?

또 다른 경우는요.

B : If your ball is in the special under repair area, you can pick up and drop without penalty. You had better read local rules before playing.

수리지에 들어가도 무벌타 드롭이고요. 로컬 룰을 읽어보시고 라운드를 하세요.

A : Thank you.

감사합니다.

B : You are welcome.

천만에요.

거리 (Yardage)

홀이나 코스의 길이를 야드 단위로 표시한 거리를 말한다. 보통 ( )까지 거리가 얼마나 됩니까? 는 How far is it to the( ) …, How far am I from ( )?, What's the yardage?로 쓰여 진다.

A : How far am I from the Water Hazard?

여기에서 워터 해저드까지 거리가 얼마나 됩니까?

B : It is around 190 yards to the front of the hazard. Which club would you like to use?

해저드 앞까지 약 190야드 돼요. 무슨 클럽 쓰세요?

A : I will use either a 4 or a 5-iron.

4번이나 5번 주세요.

B : When in doubt, use a club with the shorter because of water.

결정 못 하시면 물 앞이니까 한 클럽 짧게 잡으세요.

A : That's good idea. I will take a 5-iron.

굿 아이디어예요. 5번 주세요.

B : Nice shot, you made a good job.

아주 잘 쳤어요.

A : Thank you. what's the yardage to the pin?

여기서 핀까지는 얼만가요?

B : It's about 170 yards to the edge of the green. What are you going to hit with?

그린 에지까지 약 170야드예요. 몇 번으로 칠래요?

A : I am going to use a 6- iron.

　　6번 주세요.

B : There is headwind, I would suggest you pick up a longer club.

　　앞바람인데, 한 클럽 길게 잡는게 좋겠어요.

점수 (Score)

A : Do you play golf?

　　골프 칠 줄 알아요?

B : Yes I do.

　　네 알아요.

A : What do you shoot?

　　얼마쳐요?

B : About 75.

　　약 75 정도요.

A : What is your best score?

　　베스트 스코어는요?

B : I once shot one under par.

　　1언더파요.

A : That's very good.

　　대단합니다.

B : What is your handicap?

　　당신의 핸디캡은요?

A : My handicap is 10.

　　10이예요.

B : Why don't we play a round together sometime.

　　언제 같이 한번 칠까요?

A : That sounds good. How about coming Monday?

　　좋아요. 이번 월요일은요?

B : It is fine.
　　괜찮아요.

A : I will call you after booking.
　　부킹하고 연락할게요.

B : Good. I will look forward to that.
　　좋아요. 기다릴게요.

해질녘 라운드 (Twilight rate)

성수시간이 아닌 오후 2-3시 경에 반값 정도의 요금으로 할인해 주는 제도로 인기가 좋으나 거의 18홀을 마치지 못하는 단점이 있다.

A : I would like to play a round. Do you have any reduced rate play?
　　라운드를 하고 싶은데 할인되는 가격이 있나요?

B : Yes, we have a twilight rate after 2 o'clock in the afternoon.
　　예, 2시 이후에는 일몰요금으로 받아서 저렴합니다.

A : Oh, that is good. Is there any restriction?
　　좋습니다. 어떤 제약이 따르나요?

B : You may not be able to finish 18 holes because the sun is going down.
　　아마 해가 져서 18홀을 마치지 못할 수 있어요.

A : That's no problem. How much is per player?
　　괜찮아요. 얼만가요?

B : It is 10 dollars.
　　10불이예요.

A : Can I pay by cerdit card?
　　카드를 사용해도 되나요?

B : Sure.
　　네.

등록 (Registration)

프로 샵 에서 등록을 하는데 이를 register 혹은 chick in이라고 한다. 요금을 지불하면 스타터가 자기 순서가 됐을 때 이름을 부르며 영수증을 체크한다. 다음 차례는 you are on the deck, 지금 차례는 you are on the tee 라고 한다. 자동차로 된 카트를 gas cart, battery cart, electric cart, power cart라 하고 손으로 직접 끄는 것을 pull cart, hand cart라고 한다.

A : Hello, I have a reservation.

  안녕하세요. 예약이 되었는데요.

B : Last name, please?

  성함이 어떻게 되죠?

A : Lim.

  임입니다.

B : A party of three?

  세 분이죠?

A : Yes.

  맞습니다.

B : Walk or ride, Mr. Lim?

  걸으실래요 아니면 카트 타실래요?

A : Two ride and one pull cart. Could you tell me how much the green fees?

  둘은 카트를 타고 하고 한 명은 끌을래요. 그린피는요?

B : It is 15 dollars including 20 dollars for the power cart and 7 dollars for the pull carts each.

  15불이고 전기 카트는 20불 수동카트는 7불입니다.

A : Here you go.

  여기 있습니다.

죠인하기 (Team pairing)

A : Hello, My name is YS Kim. Can I get paired with someone?

  안녕하세요. 김 YS입니다. 다른 사람과 같이 플레이할 수 있을까요?

B : Hold on, please. I will check for other players.

　　기다리세요. 체크해 볼게요.

A : Thank you.

　　감사 합니다.

B : Mr. Kim here is a threesome that you can join.

　　미스터 김, 여기 3분하고 같이 플레이할 수 있어요.

C : My name is william Handerson. I am glad to meet you.

　　핸더슨입니다. 만나서 반갑습니다.

A : I am YS Kim. Thank you for allowing me to join you.

　　김 YS입니다. 같이 치게 해주셔서 감사합니다.

D : My name is kennedy. I am so glad we could play together today.

　　저는 케네디입니다. 함께 플레이하게 되어 기쁩니다.

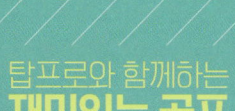

Chapter 21.

골프용어해설

탑프로와 함께하는
재미있는 골프

Chapter 21.
골프용어해설

ㄱ

가이딩 포스트 (Guiding post)
홀에 따라서는 티 그라운드 앞의 페어웨이가 높아져서 그린이 보이지 않는 곳도 있기 때문에 플레이어가 어느 정도 쳐야 할지를 모른다. 그래서 어디를 목표로 하는 것이 좋은가를 나타내기 위한 나무나 말뚝을 세워 놓는다.

갤러리 (Gallery)
골프 경기의 관중.

고블 (Gobble)
그린 위에서 과감하게 볼을 홀컵에 넣는 것.

구즈 넥 (Goose neck)
클럽 헤드가 거위의 머리 모양 같이 굽혀져 있는 모양.

그래스 벙커 (Grass bunker)
벙커와 같은 모양을 한 움푹 패 인 곳에 모래 대신 잔디가 돋아 있는 곳.

그라운드 언더 리페어 (Ground under repair)
'수리지'라고 한다. 경기 위원회의 지시나 대행자에 의해 수리지로 선정된 코스 내에 구역으로 공을 칠 수 없는 구역으로 공이 수리지에서 들어갔을 경우 무벌타로 1클럽 내에 드롭하여 칠 수 있다. 수리지에는 표식이 없어도 다른 곳으로 옮기기 위하여 쌓아올려 놓은 물건과 그린 키퍼가 만든 구멍이 포함된다. 수리지 구역의 한계는 수직 아래쪽으로 연장될 뿐 위쪽으로는 안 된다.

그루브 (groove)
우드클럽에 페이스에 파여져 있는 홈.

그레인 (Grain)
잔디가 향해있는 방향. 전방을 향해 있으면 바른 결, 반대로 향해 있으면 뒷결 이라고 한다.

그로스 스코어 (Gross score)
핸디캡을 빼기전의 실제 스코어.

그린 섬 (Green some)
4인으로 플레이할 때 2인씩 1조가 되어 티 그라운드에서 각자의 공으로 티 샷을 한 다음 유리한 공을 채택하여 각 조 1개의 공으로 플레이하는 경기 방법.

그린 (Green)
홀이 있어 퍼팅을 하는 장소를 말하며, 경기 규정에서는 현재 플레이하고 있는 홀의 퍼팅을 위하여 특별히 준비한 전 구역 또는 위원회가 퍼팅그린이라고 지정한 모든 구역.

그린 재킷 (Green jacket)
마스터스 대회 우승자에게 주는 녹색의 상의를 말한다.

그린 키퍼 (Green keeper)
코스나 그린의 관리를 전문으로 하는 직원.

그린 피 (Green fee)
플레이어가 지불하는 골프장 입장 요금.

그립 (Grip)
양손으로 쥐는 클럽 샤프트의 윗부분으로, 가죽이나 고무로 감겨져 있으며 또한 샤프트를 쥐는 손의 동작을 그립이라고도 한다.

글로브 (Glove)
골프 장갑. 그립이 미끄러지지 않도록 하며 손을 보호하는 역할을 하고 있다.

기미 (Gimme)
상대방의 다음 스트로크를 면제해주는 것으로 컨시드와 같다.

기브 (Give)
상대방의 볼이 홀 가까이 비슷한 지점에 있을 때 상대방에게 컨시드를 요구하는 소리.

기브 업 (Give up)
매치 플레이에서 그 홀을 기권하던가, 경기 그 자체를 기권하는 것.

기어 이팩트 (Gear effect)
클럽 페이스에는 홈이 있고 볼에는 딤플이라고 해서 둥글게 패인 부분이 있어 이 두 가지가 미묘하게 얽혀서 스위트 스포트를 벗어나서 볼에 맞았을 경우 여느 때와는 다른 스핀이 볼에 걸린다. 이 때문에 페이스의 힐 쪽에 볼이 맞으면 슬라이스 스핀이 걸리고 반대로 토우 쪽에 훅 스핀이 걸리는 일이 있다.

L

낫소 (Nassau)
18홀을 세 개로(전반 9홀, 후반 9홀, 18홀 전부) 나누어서 내기하는 것.

내로우 블레이드 (Narrow blade)
클럽페이스의 폭이 좁은 아이언 클럽.

내추럴 골퍼 (Natural golfer)
자연스런 폼을 지닌 골퍼. 천부적인 소질을 가진 골퍼.

내추럴 그립 (Natural grip)
양쪽 손가락을 모두 샤프트에다 대고 쥐는 식. 혹은 베이스 볼 그립이라고도 한다.

네버 업 네버 인 (Never up never in)
퍼트한 공이 홀 컵을 지나가지 못하면 결코 들어가지 않는 다는 말.

네트 스코어 (Net score)
그로스 스코어에서 핸디캡을 뺀 스트로크 타수.

넥 (Neck)
클럽헤드와 샤프트의 연결되는 부분.

노 리턴 (No return)
플레이어가 경기를 포기하고 스코어 카드를 제출치 않는 것.

노터치 (No touch)
코스 안의 잔디 부착이 완전하여, 볼을 "자연 그대로의 상태"에서 플레이를 할 수 것.

노멀 로프트 (Normal loft)
아이언의 영국식 로프트 게이지 수치. (3번-24°, 4번-28°, 5번-32°, 6번-36°, 7번-40°, 8번-44°, 9번-48°, PW-52°, SW-56°)

니 액션 (Knee action)
무릎의 동작.

니블릭 (Niblick)
9번 아이언의 속칭.

니어 핀 (Near pin)
볼이 핀에 가장 가까이 간 상태.

ㄷ

다운 블로우 (Down blow)
탑 스윙에서 내려온 클럽헤드의 중심이 최전접에 이르기 전에 볼을 치는 것.

다운스윙 (Down swing)
백스윙에서 클럽 헤드가 공을 향해 내려갈 때의 스윙.

다운 (Down)
매치 플레이에서 패한 수를 표시하는 말.

다운 힐 라이 (Downhill lie)
어드레스 할 때 볼보다 왼발이 낮은 위치에 있을 경우. (오른손잡이의 경우)

다이너마이트 (Dynamite)
샌드웨지의 속칭.

더블 보기 (Double bogey)
한 홀에서 par 보다 두 타 많게 홀인 한 것.

더블 이글 (Double eagle)
알바스트로스와 같은 의미로 롱홀에서 제2타가 홀인 되는 것.

더프 (Duff)
타구 시 잘못 쳐 공 뒤의 지면을 때리는 것.

상대 경지자에게 리드 당하고 있는 홀의 수 또는 스트로크의 수

데드 (Dead)
볼이 홀 컵에 넣던가. 핀 바로 옆에 붙인 것.

도그레그 (Dog leg)
개의 뒷발처럼 홀이 왼쪽이나 오른쪽으로 심하게 구부러져 있는 홀. 이때 오른쪽으로 돌면 dogleg right, 왼쪽이면 dogleg left 라고 한다.

도미 (Dormy)
매치 플레이에서 이긴 홀의 수와 나머지 홀의 수가 같게 되었을 때 경우.

동반 경기자 (Fellow competitor)
스트로크 플레이에서 같은 조의 플레이어.

드라이버 (Driver)
우드 1번. 골프 클럽 중 가장 길고 페이스 각도가 적은 클럽으로 멀리 보내는 것.

드라이빙 레인지 (Driving range)
연습 공을 칠 수 있는 200야드 이상의 연습장.

드라이빙 아이언 (Driving iron)
아이언 1번의 속칭.

드로우 샷 (Draw shot)
우측으로 나간 볼이 떨어질 때 좌측으로 꺾이는 것.

드롭 (Drop)
규정에 의해 공을 주워서 이것을 다른 위치에 떨어뜨리는 것으로 홀을 향해서 똑바로 서서 홀에 가깝지 않게 어깨 높이에서 공을 떨어뜨린다.

디보트 (Divot)
스윙할 때 클럽헤드에 의해 떨어져 나간 잔디 자국.

디스콸리파이 (Disqualify)
반칙이나 부진한 성적으로 인하여 경기를 계속할 수 있는 자격을 상실하는 것.

딤플 (Dimple)
골프 공 표면에 조금씩 들어가 홈이 있는 볼에 따라서 딤플의 수나 크기, 모양이 다르며 그것은 볼이 떠올리는 힘이나 방향성에 관계된다.

ㄹ

라운드 (Round)
홀 코스 플레이.

라이 앵글 (Lie angle)
클럽의 솔을 지면에 닿게 하여 어드레스를 할 때 샤프트와 지면 사이에 생기는 힐쪽의 각도.

라이 (Lie)
볼의 놓여 진 위치나 상태.

라인 오브 플라이트 (Line of flight)
볼의 위치에서 목표점과 연결한 연장선.

라인 (Line)
볼과 목표를 연결하는 시각선 으로 볼의 가기를 원하는 목표선.

래터럴 워터 해저드 (Lateral water hazard)
홀에 병행하여 있는 물. 웅덩이 등 장애물로 빨간 말뚝이나 선으로 표시한다.

랙 업 (Lag up)
공을 홀에 가까이 보내기 위한 긴 퍼팅.

러너 업 (Runner up)
경기의 차점자.

러닝 어프로치 (Running approach)
어프로치 샷의 일종으로 비교적 로프트가 적은 아이언으로 볼을 구르게 해서 홀에 접근시키는 것.

러프 (Rough)
그린 및 해저드를 제외한 코스내의 페어웨이 부분에서 풀이 길게 자라나 있는 지역.

런 업 (Run up)
땅이 단단할 때 플레이하기 위한 샷의 유형으로 공을 그린 위로 튀겨서 올려 보내는 것.

럽 오브 더 그린 (Rub of the green)
움직이고 있는 공이 국외자(局外者)에 의해 정지되거나 움직이는 방향이 바뀐 경우.

레귤러 티 (Regular tee)
일반적으로 남성이 사용하는 티.

레드 넘버 (Red numbers)
언더파 이내의 성적을 기록했을 때 빨간 색으로 표시한 득점판.

레이아웃 (Layout)
골프 코스의 설계.

레이업 (Lay up)
가능한 위험에 빠지지 않게 하기 위해 무리한 플레이를 하지 않고 한 단계를 더 거쳐 안전하게 그린을 공략하는것

레이트 히트 (Late hit)
다운스윙에서 그립이 헤드보다 먼저 나가게 하여 헤드에 탄력을 만드는 것.

레프트 핸디드 골퍼 (Laft handed golfer)
왼손잡이 골퍼.

로드 홀 (Road hole)
세인트앤드루스 컨트리클럽 의 17번 홀로 세계에서 제일 어려운 홀.

로스트 볼 (Lost ball)
분실구.
룰에서는 ① 3분 동안 찾아도 발견하지 못 할 때. ② 자기의 볼임을 확인 할 수 없을 때. ③ 룰에 따라서 다른 볼을 인 플레이했을 때. ④ 처음의 볼이 있다고 생각되는 장소보다 그린에 가까운 장소에서 잠정구를 플레이 했을 때로 되어 있다.

로우 핸디캐퍼 (Low handicap)
핸디캡이 낮은 플레이어를 말하며, 우리나라에서는 흔히 "싱글 플레이어"라고도 한다.

로컬 룰 (Local rule)
각 코스의 특수조건에 맞게 각 코스별로 설정하는 일련의 규칙.

로프트 (Loft)
샤프트와 클럽 페이스가 이루는 각도로 일반적으로 번호가 작을수록 이 각도는 적어진다.

론 (Lawn mower)
잔디 깎는 기구.

론 섬 (Lone some)
혼자서 플레이를 하는 플레이어.

롱게스트 (Longest)
가장 멀리 나간 볼

롱 아이언 (Long iron)
일반적으로 1, 2, 3번 아이언을 말하며 로프트가 낮아 치기 까다롭지만 긴 비거리를 낼 수 있다.

롱 히터 (Long hitter)
장타자

루즈 임페디먼트 (Loose impediment)
코스 안에 떨어져 있는 나뭇잎이나 나뭇가지, 잔돌 같은 자연 장애물로서 벙커 외에서 제거할 수 있는 것.

루트 (Loute)
플레이를 해가는 순로

루프 (Loop)
스윙궤도가 일정하지 않고 '8자'를 그리는 듯한 스윙.

룩 업 (Look up)
볼을 친 순간에 얼굴을 들어 목표 방향을 보는 것을 말하며, 흔히 헤드업이라고도 한다.

리건 볼 (Regan ball)
슬라이스 볼을 말한다.

리드 보드 (Leader board)
스코어보드와는 별도로 선두그룹 선수들의 성적을 표시하는 게시판을 말한다.

리딩 더 그린 (Reading the green)
퍼팅을 할 때 공을 홀에 정확히 넣기 위해서 퍼팅의 방향 및 거리, 속도 등을 결정하기 위하여 그린의 경사나 지형 등 그린의 상태를 파악하는 것.

리버스 오버랩 (Revers overlap)
오른손 손가락을 왼손 손가락 위에 약간 겹치게 하는 퍼팅 그립.

리크 (Leak)
공이 날아가면서 오른쪽으로 휘어지는 것.

리커버리 샷 (Recovery shot)
실수를 만회하기 위하여 그 상황을 벗어나기 위해 구사하는 샷.

리콜 (Recall)
규정을 위반한 상대방에게 수정을 요구하는 것.

리페어 (Repair)
코스나 그린 등을 손질하는 것.

리플레이스 (Replace)
볼을 주웠다가 원래의 위치로 다시 갖다 놓는 것을 말하며, 일반적으로 그린 위에서는 공을 깨끗이 하기 위해 허용되나 다른 지점에서는 원칙적으로 용납되지 않는다. 플레이스(place)는 볼을 옮기는 것을 말한다.

릴리스 (Release)
백스윙에서 다운스윙-임팩트-폴로 드로우에 걸쳐서 풀어 주는 것을 말한다. 즉, 백스윙에서 꺾어 올린 양 손목은 다운스윙의 중간지점에서는 왼쪽 손등이 정면을 향하고 임팩트에서는 왼쪽 손등이 비구선과 직각이 되는 모양으로 돌아오며, 팔로우 스루 때는 손등이 어드레스 때의 등 뒤쪽으로 향하게 된다. 이러한 일련의 동작을 말하는 것이다.

립 아웃 (Lip out)
볼이 홀의 가장자리를 건드리지만 들어가지는 않을 때를 말한다.

립 (Lip)
홀의 가장자리나 벙커의 경계선.

링거 스코어 (Ringer score)
코스의 각 홀에서 가장 잘 쳤던 스코어.

링크스 (Links)
해변을 끼고 있는 코스를 말하며, 바람의 영향을 많이 받는다.

마랫트 퍼터 (Mallet putter)
D자 모양으로 생긴 퍼터로 반달형 퍼터라고도 불린다.

마스터 아이 (Master eye)
주로 많이 사용하는 눈으로 양 눈 중에서 주가 되는 쪽을 가리키며 주시라고도 한다.

마스터즈 (Masters)
미국의 바비 존스가 창설한 오거스타 내셔널 코스에서 벌리는 대회.

마운드 (Mound)
벙커나 그린 등의 주변에 있는 작은 언덕이나 흙더미보다 높은 곳.

마커 (Marker)
스트로크 경기시 각 선수의 스코어를 기록하기 위해 위원으로 선임된 사람이나 볼을 주워

올릴 때 볼 바로 뒤에 볼의 위치를 표시하기 위해 놓은 표식.

매너 (Manner)
플레이 상에서의 예와 행동.

매쉬 (Mashie)
5번 아이언의 속칭.

먼데이 토너먼트 (Monday tournament)
예선 시합으로 보통 월요일에 실시한다.

메달 플레이 (Medal play)
스트로크 플레이라고 한다. 규정된 홀을 마친 결과 가장 작은 타수의 경기자에게 우승을 인정하는 경기 방법.

메이크 더 커트 (Make the cut)
토너먼트 경기에서 성적이 저조한 선수들을 탈락시키는 것. 일반적으로 2라운드 경기가 끝난 후 탈락자를 정한다.

메치 플레이 (Match play)
홀 매치라고도 한다. 2인 또는 2조로 각 홀 별로 승패를 정하는 경기 구성.

메탈 우드 (Metal wood)
우드 클럽을 퍼시먼 대신 금속 헤드를 장착한 도구.

미들 아이언 (Middle iron)
미들 아이언은 4 · 5 · 6번 아이언.

미들 홀 (Middle Hole)
일반적으로 파4홀을 지칭하나 정확한 용어는 투 쇼터 홀 (Two Shotter Hole)이며 미들 홀은 12번 홀과 14번 홀 사이의 13번 홀을 의미한다.

미스 샷 (Miss shot)
실패한 샷.

믹스 포섬 (Mixed foursome)
남녀선수가 한 조를 이루어 경기를 진행하는 포섬 구성 경기.

ㅂ

바든 그립 (Vardon grip)
바든이 고안한 오버 랩핑 그립.

바이트 (Bite)
공이 낙하 후 구르지 않고 바로 멈추는 스핀.

발라타 (Ballata)
열대림의 수액으로, 공의 껍질을 만드는데 사용하며 이를 사용한 볼을 ballata ball이라고 한다.

백 나인 (Back nine)
18홀 중 후반 9홀 코스. 전반 9홀은 클럽 하우스에서 출발하여 나아간다고 하여 이를 out course, 그리고 나서 경기자는 방향을 바꿔 클럽 하우스로 다시 돌아 들어오는데 이 9홀을 in course라 한다.

백 도어 엔트랜스 (Back door entrance)
그린의 뒤쪽의 가장자리에서 퍼팅하는 것을 말하며, 앞쪽에서 치는 것을 front door entrance라 한다.

백스핀 (Back spin)
볼의 역회전을 말하며 공이 떨어진 뒤 바로 멈춰서거나 뒤로 굴러간다. 언더스핀이라고도 한다.

백 웨이트 (Back weight)
우드 클럽의 헤드 뒤쪽에 부착되어 있는 금속성의 추를 말하며, 사이드 메탈, 솔이라고도 한다.

백 티 (Back tee)
티 그라운드에서 가장 뒤쪽에 있는 티. 티 그라운드는 front tee, middle tee와 back tee가 있으며 코스의 정규거리는 이 back tee로부터 계산된다.

밴드 포인트 (Bend point)
샤프트의 구부러지는 정도를 말하며, 킥 포인트라고도 한다.

밴트 그래스 (Bent grass)
퍼팅 그린에 쓰여 지는 서양 잔디의 일종으로 습기에 약하며, 그 외에 버뮤다그래스라고 하는 비교적 여름에 강한 잔디가 있다.

버디 (Birdie)
par보다 하나 적은 스트로크로 홀인 하는 것.

버피 (Baffy)
우드 클럽의 4번 속칭.

벙커 (Bunker)
해저드 하나로 모래 함정이나 풀이 무성한 저지 같은 곳 보통 페어웨이에 있는 크로스 벙커, 사이드 벙커, 그린주변의 그린 벙커 등 3종류가 있다.

벙커 레이크 (Bunker rake)
벙커 안의 샷자국 이나 발자국의 모래를 고르기 위한 쇠나 나무로 만들어진 갈퀴.

베스트 그로스 (Best gross)
스트로크 플레이에서 총 타수가 가장 낮은 사람.

베스트 볼 (Best ball)
네 명의 플레이어가 각각 두 명씩 조를 이루어 두 팀으로 경기를 진행하며 각 팀에서 가장 낮은 점수를 각 홀에서 팀 스코어로 계산한다.

베어 그라운드 (Bare ground)
잔디나 풀이 자라지 않은 맨땅.

베이스볼 그립 (Base ball grip)
야구배트를 잡는 그립으로 열 손가락을 모두 겹치지 않게 나란히 잡는 것.

벤트 글라스 (bent grass)
일반적으로 퍼팅 그린에 쓰여 지고 있는 서양 잔디로 4계절 모두 죽지 않고 파랑색을 유지한다.

벨 그립 (Veil grip)
왼쪽 검지를 오른쪽 손위에다 겹치게 하는 방법으로 역 그립이라고도 한다.

보기 (Bogey)
par보다 한타 많은 타수로 홀인 하는 것.

보론 (Boron)
샤프트의 종류로 스틸 보다 가볍고 카본보다는 무겁다.

볼 마커 (Ball marker)
그린 위에 공의 위치를 표시하기 위해 사용하는 동전 따위의 물건.

부비 (Booby)
경기 대회에서 최하위가 된 사람의 호칭. 또는 최하위에서 2번째가 된 사람도 가리킴.

브래시 (Brassie)
우드의 2번 클럽.

브이 셰이프 (V shape)
그립을 쥐었을 때 인지와 엄지에 의해 생기는 V 자형 모양.

블라스트 (Blast)
벙커에서 탈출하기 위하여 모래를 폭발시키듯 크게 치는 것으로 공격적인 샷.

블라인드 샷 (Blind shot)
그린이 보이지 않아 공을 어디쯤 떨어뜨려야 할지 알 수 없는 샷.

블래이드 (Blade)
공이 클럽 페이스에 맞지 않고 리딩 에지 부분에 맞아서 의도한 것보다 너무 멀리 나가는 샷.

블지 (Bulge)
우드의 클럽페이스 반대편 굴곡.

비기너 (Beginner)
골프를 처음 배우는 사람 혹은 배운지 얼마 안 되는 초보자.

ㅅ

사이드 벙커 (Side bunker)
페어웨이와 나란한 벙커.

사이드 블로우 (Side blow)
볼의 옆면을 쳐서 볼을 튀기듯이 날려 보내는 것.

사이드 윈드 (Side wind)
공략하는 방향에 대해 좌측이나 우측에서 부는 바람을 말하며, cross wind라고도 한다.

사이드힐 라이 (Sidehill lie)
공이 발 위쪽에 있거나 아래쪽에 있는 경우.

사이드힐 업 (Sidehill up)
발끝 쪽이 오르막인 상태.

샌드그린 (Sand green)
잔디 대신에 모래로 만들어진 그린.

샌드아이언 (Sand iron)
벙커에서 치기 쉽게 만들어져 있는 아이언 클럽.

샌드웨지 (Sand wedge)
벙커샷용으로 특별히 고안된 클럽으로 로프트를 크게 가지기 위하여 낮은 각도의 클럽 페이스와 볼 아래에 있는 모래와 함께 클럽이 잘 미끄러지도록 만들어진 클럽.

샌드 트랩 (Sand trap)
모래 벙커.

샌디 (Sandy)
샌드 벙커에 빠졌다가 탈출해 파를 기록하는 것.

섕크 (Shank)
샷을 할 때 공이 클럽 샤프트의 목 부분에 맞는 것.

샤프트 (Shaft)
골프채의 자루.

샬로우 페이스 (Shallow face)
페어웨이 우드처럼 클럽헤드의 폭이 좁고 높이가 낮은 타면을 말하는 것으로 중심 위치가 낮아 볼이 잘 떠오른다.

샷 건 (Shot gun)
총소리에 맞추어 18홀 전체의 티잉 그라운드에서 선수들이 각 홀에 들어가 동시에 경기를 시작하는 방법.

샷 페이스 (Shot face)
골프채의 타면이 엎어지는(닫히는)것.

서든데스 (Sudden death)
돌연사, 너는 죽었다 의미로 2명 이상의 동점자가 나왔을 때 승부를 결정짓기 위해 1홀 연장전의 한 방식으로 사용 되는 것. US 오픈은 18홀 재경기, 브리티시 오픈은 4홀 합산방식, 마스터스와 PGA 챔피언십은 바로 정해진 홀에서 실시한다. 플레이 오프와 서든데스의 다른 점은 마스터스와 PGA 챔피언십에서는 서든데스, US 오픈과 브리티시 오픈에서는 플레이오프라는 말을 쓰는데 그 이유는 서든데스란 승부를 가릴 수 없을 때 즉 마지막 한 홀에서 사용 될 때를 말하며 이때도 동 타면 hole-by-hole에 의해 승부가 가려질 때까지 계속 된다. 만일 US 오픈에서 18홀을 플레이오프 한 후에도 동 타면 플레이오프 서든데스로 결정된다.

서킷 (Circuit)
몇 개의 코스를 일정과 순서로 순회하면서 하는 시합.

세미 러프 (Semi rough)
잔디의 길이가 그리 길지도, 짧지도 않은 러프.

세미 퍼블릭 (Semi public)
회원제의 코스로 멤버의 소개나 동반자 없이도 플레이를 할 수 있는 코스.

세미 프라이빗 (Semi private)
일반인에게도 개방하면서 회원을 두고 있는 코스.

셀렉티드 스코어 (Selected score)
하루에 2번의 라운드를 하여 스코어가 좋은 것으로 1라운드의 타수 합계를 내는 것.

셀렉티브 드라이버 (Selective drive)
네 사람이 팀을 짜고 하는 매치 플레이로 드라이버샷의 유리한 편을 골라서 편을 짜고 하는 플레이 방법.

소켓 (Socket)
클럽의 헤드와 샤프트의 연결 부분. 클럽의 소켓으로 공을 치는 미스 샷.

솔 (Sole)
클럽헤드에서 지면에 직접적으로 닿는 밑 부분.

숏 게임 (Short game)
그린 주변에서의 플레이.

숏 아이언 (Short iron)
7, 8, 9번의 거리가 많이 나가지 않는 짧은 아이언.

숏 어프로치 (Short approach)
그린 주위의 짧은 어프로치 샷. 즉 그린을 향해 볼을 접근 시켜 치는 것.

숏 홀 (Short hole)
거리가 짧은 홀.

스냅 (Snap)
볼을 친 순간에 손목에다 힘을 세게 주어 탄력을 갖게 하는 것.

스루 더 그린 (Through the green)
플레이하고 있는 홀의 티잉 그라운드, 그린 및 코스내의 모든 해저드를 제외한 코스 내의 모든 지역.

스리쿼터 샷 (Three quarter shot)
풀 샷보다 4분의 3의 크기의 스윙으로 치는 것.

스모드 (Smother)
임팩트 시 클럽 페이스가 닫혀 볼이 낮고 그리고 목표의 왼쪽 지점을 향해 날아가게 되는 동작.

스웨이 (Sway)
스윙을 할 때 몸 중심선이 좌우 또는 상하로 흔들리는 것.

스위트 스팟 (Sweet spot)
클럽페이스에서 볼을 쳐야 하는 중심점.

스윕 오프 (Sweep off)
클럽헤드의 원심력을 써서 공을 쓸어 내듯이 치는 것.

스윙 아크 (Swing arc)
스윙할 때 클럽 헤드가 그리는 弧(호).

스윙 웨이트 (Swing weight)
스윙을 할 때 느끼는 클럽의 무게정도.

스윙 플랜 (Swing plane)
스윙 평면으로 스윙을 할 때 클럽이 몸 주위를 도는 각도.

스윙 (Swing)
볼을 치기 위해 클럽을 휘두르는 것. 즉 플레이어가 어드레스를 하여 클럽을 위쪽으로 끌어 벌을 마지막으로 치기까지의 동작.

스카치 포섬 (Scotch foursome)
4인이 각기 2명씩 편을 갈라 경기를 하게 되는데 최초의 티샷은 각자의 공으로 경기를 하지만 티샷 이후에는 자기편에게 유리한 드라이브 샷을 선택해 번갈아 가며 경기를 하는 방식을 말하며, 베스트 포섬 경기라고도 한다.

스컵 (Scuff)
볼 바로 뒤의 땅을 치는 것.

스코어 카드 (Score card)
각 홀의 길이, 파, 레이팅 등이 적혀있고 자신 및 동반 경기자의 경기 결과를 기록하는 종이 카드.

스쿱 (Scoop)
아이언 클럽으로 볼을 높이 떠내듯이 쳐 올리는 것.

스퀘어 그립 (Square grip)
왼쪽 손등, 오른쪽 손바닥이 비구 선에 대하여 거의 직각이 되게 쥐는 방법.

스퀘어 스탠스 (Square stance)
스탠스의 기본이 되는 세가지중의 하나로 양 발끝이 비구 선과 평행이 되도록 서는 자세.

스퀘어 페이스 (Square face)
어드레스를 했을 때 클럽의 타구면 이 비구선 상에 대해 직각으로 놓인 것.

스퀘어 (Square)
매치 스코어가 동점일 경우.

스크래치 (Scratch)
핸디캡을 적용하지 않는 경기 또는 핸디캡이 0인 것.

스크래치 플레이어 (Scratch player)
핸디캡이 0인 플레이어.

스크램블 (Scramble)
멤버 네 명 전원이 티샷을 하고 이중 세컨샷이 가장 유리한 티샷을 선택하여 그 볼을 그 위치에서 다시 네 명 전원이 세컨샷을 하고, 이를 다시 써드 샷에 유리한 볼을 택해 다시 공격하는 방식의 경기.

스킨스 게임 (Skins game)
각홀 에 상금을 걸어놓고 가장 낮은 스코어를 기록한 플레이어가 이기게 되는 경기를 말하며, 2명 이상의 플레이어가 동점을 기록하면 상금은 다음 홀로 넘어가게 된다.

스타디움 코스 (Stadium course)
관중석을 자연적인 지형 또는 계단식으로 꾸며 만든 시설이 있는 골프장.

스타이미 (Stymie)
비구선상에 나무나 상대방의 공 등의 장애물이 있는 상태.

스탠스 (Stance)
볼을 치기 위해서 취하는 발의 자세

스테이디 플레이너 (Steady player)
건실한 기법을 가진 사람 또는 안정된 플레이

즉 기복이 적은 플레이어.

스트로크 플레이 (Stroke play)
"메달 플레이"라고 한다. 스트로크 수에 의해 승패를 결정하는 시합 방법. 최소 타수가 승자가 된다.

스트로크 (Stroke)
볼을 올바르게 쳐서 움직일 의사를 갖고 행하는 클럽의 전진 방향으로서의 타격 동작.

스트롱 그립 (Strong grip)
왼손을 깊이 쥐고, 오른손은 얕게 샤프트 밑으로부터 쥐는 그립의 방법.

스티어 (Steer)
긴장을 풀고 자연스럽게 스윙을 행하는 대신 가파른 손목 동작을 이용하여 볼을 돌려 치는 것.

스티프 (Stiff)
딱딱한 자세 또는 샤프트의 강도가 매우 단단한 것.

스틸 샤프트 (Steel shaft)
금속제의 샤프트.

스팀 미터 (Stimp meter)
그린의 빠르기를 재는 기구.

스파이크 마크 (Spike mark)
골프화로 인해 생긴 그린 위의 자국.

스패이드 머신 (Spade mashie)
아이언 클럽의 일종으로 6번 아이언의 속칭.

스푼 (Spoon)
3번 우드의 속칭.

스프링 쿨러 (Spring cooler)
그린에 물을 뿌리기 위한 장치. 땅 속에 파 묻혀있다.

스핀 아웃 (Spin out)
다운스윙을 할 때 상체에 비해 다리가 너무 빨리 움직이는 것.

스핀 (Spin)
볼을 날린 결과 볼에서 생기는 회전.

슬라이스 (Slice)
볼이 왼쪽에서 오른쪽으로 회전해서 전체적으로 비구선 보다 오른쪽으로 많이 휘는 볼.

슬로우 백 (Slow back)
백스윙을 천천히 여유 있게 하는 것.

슬로우 플레이 (Slow play)
경기가 느린 것. 경기에서 고의 적으로 지연

시키면 페널티가 부과된다.

슬로프 (Slope)
경사지, 비탈면.

식스 포인트 매치 (Six point match)
3인 1조로 라운딩을 할 때 채택되는 경기방식으로 각 홀당 6점씩의 스코어를 놓고 라운딩을 하는 방식.

싱글 (Single)
핸디캡이 1에서 9까지의 골퍼를 말하는 것으로 정확한 용어는 싱글 핸디캐퍼(Singe Handicapper) 또는 로우 핸디캐퍼(Low Handicapper)로 표기하여야 한다.

ㅇ

아너 (Honor)
스코틀랜드의 귀족과 라운드 하면서 먼저 칠 것을 권유한데서 나온 말로 어떤 홀에서 가장 좋은 스코어를 기록하여, 다음 티에서 첫 번째로 티샷 할 수 있는 권리를 갖는 것.

아마추어 사이드 (Amateur side)
비탈진 퍼팅 상태에서 홀 컵의 아래쪽을 지나가는 볼의 경우를 말하며, 대조적으로 홀컵의 위쪽으로 지나가는 볼을 pro side라고 한다.

아웃 드라이브 (Out drive)
드라이브 플레이 금지구역

아웃 오브 바운즈 (Out of bounds)
코스 경계선 밖의 지역을 말하며, 흔히 흰색 선이나 말뚝으로 표시되어 있다. 공이 OB가 되면 원래 위치에서 1벌타 후 플레이해야 한다.

아웃사이드 에이젼시 (Outside Agency)
국외자란말로서 매치 플레이에서는 플레이어나 상대편, 캐디,속한 휴대품, 스트로크 플레이에서는 경기자편, 경기자편에 속한캐디, 휴대품 등을 제외한 모든 사람과 사물. 즉 심판원 , 마커, 업저버, 포캐디 등이다.

아인 업 (Line up)
퍼팅을 할 때 공과 홀을 연결하는 선을 눈으로 정하는 것.

아인 (Line)
방향을 정하기 위해 볼과 목표물을 연결하는 가상의 선.

알바트로스 (Albatross)
par 5홀에서 2타째에 홀인 하는 경우. 또는 par보다 3타 적게 홀인 하는 경우.

압스트럭션 (Obstruction)
볼을 치는데 방해가 되는 장애물.

애뉴얼 피 (Annual fee)
골프 클럽의 연 회비.

애리슨 벙커 (Arrison bunker)
깊고 높은 턱이 있는 벙커로 골프장 설계사인 애리슨이 설계한데서 이 이름이 붙여졌다.

야데지 포스트 (Yardage post)
홀의 번호, 홀까지의 거리, 홀의 파 등을 써서 티잉 그라운드에 세워 놓은 표시 판.

야데지 (Yardage)
홀이나 코스의 거리를 야드 단위로 표시한 숫자.

어게인스트 룰 (Against rule)
룰을 위반하는 것.

어게인스트 보기 (Against bogey)
각 홀의 bogey에 대항하여 승패를 정하는 경기방법으로 against par와 같다.

어게인스트 윈드 (Against wind)
맞바람, 앞바람. 어게인스트라고도 한다.

어게인스트 파 (Against par)
각 홀의 par에 대항하여 플레이하는 것으로 매치 플레이와 마찬가지로 up과 down을 상쇄해서 up이 많은 사람이 우승한다.

어드바이스 (Advice)
동반 경기장 등에게 플레이상 조언을 주는 것으로 규칙상 2벌타의 페널티가 부과된다. 플레이의 결단, 클럽의 선택 또는 스트로크의 방법, 결정 등에 영향을 미치는 조언이나 묻는 것으로 어드바이스를 받을 수 있는 것은 자신의 캐디와 자신의 파트너에 한한다.
그러나 그런까지의 나머지 거리를 나타내는 표시 말뚝이나 O.B, 연못이 있는 곳, 규칙, 로컬 룰 등 주지의 사실에 관한 것은 가르쳐도 어드바이스가 되지 않는다.

어테스트 (Attest)
마커가 상대 경기자의 스코어 카드에 점수가 틀림없다는 증명하는 것으로서, 상대방 스코어 카드에 마커 본인의 사인을 하는 것. 이어 경기자는 사인을 받은 그 카드에 시인한다는 뜻으로 player's signature란에 자신의 사인을 해야 한다

어퍼 블로 (Upper blow)
드라이버로 치는 한 방법으로 헤드가 스윙의 맨 밑 지점을 통과한 다음 타면의 각도가 위로 향하는 순간에서 볼을 맞히는 타법.

어프로치 퍼터 (Approach putt)
퍼트를 사용하여 볼을 핀에 가까이 가도록 하는 어프로치.

어프로치 (Approach)
어프로치는 "가까이 가다"는 뜻으로 짧은 거리에서 핀에 최대한 근접시키는 것.

언 코일 (Un coil)
골프 스윙에서 비틀어준 상체를 다시 원상태로 푸는 것.

언 콕 (Un cock)
백스윙 시 꺾은 손목을 펴서 다시 원 상태로 돌아가게 하는 것.

언 플레이블 (Unplayable)
볼을 치기에 어려운 지역에 들어간 경우나 플레이를 하기 힘든 상태에 놓인 볼의 위치.

언더 리페어 (Under repair)
코스 내에 있는 수리지.

언더스핀 (Under spin)
공의 역회전을 말하며, 백스핀.

언더 파 (Under par)
par 보다 적은 타수.

언더 클로빙 (Under clubbing)
원하는 클럽보다 하나 아래의 클럽을 치는 것.

언둘레이션 (Undulation)
코스의 높고 낮은 기복 상태.

얼티네이트 스트로크 (Alternate stroke)
공을 칠 때 두 명의 파트너가 서로 번갈아 가면서 치는 것으로 골프 게임 방법 중의 하나이다. 오래된 방식의 골프 게임으로 현재 인터내셔널 라이더컵(International Rider Cup)과, 아마추어 경기 중 워커(Walker), 그리고 커티스컵(Curtis Cup)에서도 많이 사용하고 있다.

업라이트 스윙 (Up right swing)
스윙의 플랜이 지면과 직립 되어 있는 것과 같은 스윙.

업라이트 힐 (Up right hill)
올라가는 비탈이 급경사인 곳.

업 앤 다운 (Up and down)
코스의 지형이 오르막과 내리막의 변화가 심한 것.

업 힐 (Up hill)
가파른 오르막 경사.

업 (Up)
매치 플레이에서 승리하는 홀 수.

업저버 (Observer)
문제 판정에 있어서 심판원을 보좌하거나 또는 반칙을 심판원에다 보고하는 일을 하는 사람.

업 힐 라이 (Up hill lie)
비구선에 대해 오르막 언덕 비탈에서 볼이 멎어 왼발 쪽이 높은 상태.

에버러지 스코어 (Average score)
스트로크 플레이로 각 홀의 합계타수를 평균해서 1홀의 스코어를 정하는 것.

에어 샷 (Air shot)
공을 맞히지 못하고 완전히 빗나가서 바람만 날리는 것.

에이스 (Ace)
단 한 번에 쳐서 구멍에 넣는 것으로 홀인원이라고도 한다. 만약 공이 깃대에 기대어져 있다면 깃대를 움직여 홀에 완전히 들어가게 하여야 하며 깃대를 빼면서 공이 밖으로 튀어나온다면 홀인원은 인정이 되지 않는다.

에이지 슈터 (Age shoot)
총 타수가 자신의 나이 또는 그 이하의 타수로 플레이를 하는 것.

에이지 슈트 (Age shoot)
18홀을 자기의 나이와 같은 타수나 그이하의 스코어를 내는 것.

에지 (Edge)
그린이나 벙커, 홀 등의 주변이나 가장자리 끝을 가리킴. 클럽 페이스 밑선도 에지라고 한다.

에프론 (Apron)
그린의 입구를 말하며 잔디를 가지런하게 깎아 다듬은 구역이다.

엑스트라 홀 (Extra hole)
정규 홀로써 승부를 결정 짓지 못했을 때 연장전을 할 때에 쓰이는 홀.

엔트리 (Entry)
골프 시합에 참가하는 것.

엔틱 클럽 (Antique club)
오래된 골프 클럽. 즉 1700년대부터 1920년대 사이의 클럽을 의미한다.

오버 더 그린 (Over the green)
타구한 공이 그린에 안착하지 못하고 오히려 그린을 지나쳐서 멀리 날아간 것.

오버 드라이브 (Over drive)
드라이버로 친 공이 다른 사람보다 멀리 나는 것.

오버 스윙 (Over swing)
Top of swing에서 지나치게 클럽을 휘둘러 필요이상으로 치켜드는 것.

오버 스핀 (Over spin)
볼이 날아가는 방향과 같은 방향으로 회전하는 것. back spin과는 반대의 회전.

오버 클럽 (Over club)
큰 클럽을 선택하여 실제 거리보다 멀리 치게 되는 경우.

오버 클럽잉 (Over clubbing)
공을 목표의 거리에다 날려 보낼 때 필요한 골프채 보다 한 클럽 위의 골프채를 선택하는 것.

오버 파 (Over par)
타수가 표준 타수보다 많은 것.

오버래핑 그립 (Overlapping grip)
가장 흔히 사용하는 그립의 방법으로 오른손의 새끼손가락을 왼손의 집게손가락 위에 갈퀴와 같이 걸어 잡는 방법.

오비 (Out of Bounces)
아웃 오브 바운즈의 약칭.

오픈 게임 (Open game)
프로와 아마가 함께 참가하여 기량을 겨루게 되는 경기.

오픈 스탠스 (Open stance)
목표보다 플레이어의 왼발이 오른발보다 볼의 뒤쪽으로 빠져있는 것.

오픈 토너먼트 (Open tournament)
지역적으로 열리는 오픈 경기.

오픈 페이스 (Open face)
어드레스를 할 때 클럽의 페이스가 목표의 오른쪽을 향하는 것. 혹은 임팩트 순간에 클럽의 경로가 오른쪽으로 향하는 것.

오피셜 (Official)
협회로부터의 공개적으로 인정된 경우. 예를 들면 공인 핸디캡, 공식경기 등.

온 그린 (On green)
볼이 그린에 위치하는 것.

올 스퀘어 (All square)
매치플레이에서 승패가 결정되지 않은 무승부라는 뜻.

왜글 (Waggle)
백스윙의 감각을 익히면서 클럽에 탄력을 붙이는 동작으로 백스윙을 하기 전에 손목만으로 클럽을 흔들어 주는 것.

우든 클럽 (Wooden club)
클럽 헤드가 나무로 된 것.

워터 해저드 (Water hazard)
코스 내에 있는 호수, 연못, 습지, 강 따위의 물과 관계있는 장애물을 일컫는 말이다.

원 샷 홀 (One shot hole)
파 3홀로서 티에서 1타로 공을 그린 위에 올려놓을 수 있는 거리에 있는 홀.

원 온 (One on)
제 1타로 친 볼이 그린에 오른 것.

원 퍼트 (One putt)
그린 위에서 단 한 번의 퍼트로 홀에 들어간 것.

원피스 스윙 (One piece swing)
전신이 일체가 되어 스무스 하게 이루어지는 스윙.

웨지 (Wedge)
페이스가 넓고 솔이 넓으며 로프트가 많아 어프로치 때 많이 사용하는 아이언 클럽.

웰 아웃 (Well out)
트러블에서 멋지게 탈출했을 때 말하는 것. 보통 "나이스 아웃"이라고도 한다.

위닝 샷 (Winning shot)
승리를 결정하는 샷.

위크 그립 (Weak grip)
약한 그립이란 말로, 왼손으로 쥐는 모양이 얕고 오른손은 반대로 너무 깊게 잡는 그립.

윈터 룰 (Winter rules)
겨울철 경기에서 잔디가 안 좋을 경우에 라이의 6인치 이내 거리까지 볼을 옮길 수 있게 하는 로컬 룰.

윙 벙커 (Wing bunker)
날개를 편 것처럼 페어웨이 양쪽으로 펼쳐있는 벙커.

이글 (Eagle)
par보다 2타 적은 타수로 홀인 하는 것.

이븐 (Even)
같다는 뜻. 스트로크 플레이에서는 합계 스코어가 파의 합계가 같을 때 이븐 파라고 한다. 매치 플레이에서는 타수나 승패가 같은 수로 서로 우열을 가릴 수 없는 경우.

이퀴브먼트 (Equipment)
경기자나 경기자를 위한 몸에 지니거나 휴대하는 모든 물건. 하지만 마크를 사용할 때 사용하는 동전이나 티 같은 작은 물건은 휴대품으로 간주하지 않는다.

이프스 (Yips)
긴장하여 실수로 인한 것이 언제나 머릿속에 남아있어 결정적인 순간에 잘 되지 않는 것

익스플로션 샷 (Explosion shot)
공이 벙커에 떨어졌을 때 모래와 함께 강타해서 그 압력으로 공을 모래와 함께 벙커로부터 탈출시키는 샷.

인 바운드 (In bound)
코스의 경계 안에 있을 때, 즉 OB가 아님을 말한다.

인 플레이 (In play)
플레이어가 티 그라운드에 제1 스트로크를 하면 인플레이가 된다. 그 볼을 할 때까지 인플레이 상태가 지속된다.

인비테이션 매치 (Invitation match play)
초청 경기.

인서트 (Insert)
볼이 맞는 클럽 페이스의 부분을 강화하기 끼워 넣는 것.

인터로킹 그립 (Interlocking grip)
그립의 한 방법으로 오른손 새끼손가락과 왼손엄지손가락을 걸어 쥐는 방법.

인터클럽 매치 (Interclub match)
클럽간의 대항 경기, 또는 각 클럽의 선수가 한 코스에 모여서 하는 경기.

인텐셔널 슬라이스 (Intertional slice)
의식적으로 슬라이스를 하는 것. 그린이 숲 저편 오른쪽에 있거나, 해저드를 피하지 않으면 안 될 경우, 볼을 날리면서 굴려야 될 필요가 있을 때 사용.

인텐셔널 훅 (Intertional hook)
의식적으로 훅 볼을 치는 샷.

임팩트 (Impact)
클럽헤드가 공에 맞는 순간, 실질적으로 공을 치는 순간.

ㅈ

절크 (Jerk)
타이밍, 리듬이 맞지 않은 채 급격한 스윙으로 클럽헤드를 휘두름으로써 공이 올바른 궤도에서 벗어나는 것.

정글 (Jungle)
심한 러프의 속으로 풀이 길게 자란 뜻밖의

지역.

제일 (Jail)
공이 매우 어려운 트러블에 빠졌을 때를 일컫는 말.

지거 (Jigger)
4번 아이언의 고유 명칭.

ㅊ

챔피언 코스 (Champion course)
공식 선수권 경기를 할 수 있는 정규의 설비를 갖춘 코스로, 홀수는 18홀, 길이는 6500야드 이상으로 규정되어 있다.

치프 커미티 (Chief committee)
위원장

칩 샷 (Chip shot)
손목만을 이용한 어프로치 샷의 일종으로, 극히 단거리에서 핀을 향해 치는 샷.

칩 인 (Chip in)
칩 샷으로 공이 홀에 들어가는 것.

ㅋ

카트 (Cart)
골퍼들이 타고 코스를 다닐 수 있게 해주는 자동차. 골프백을 싣고 다닐 수 있는 기구

캐디 (Caddie)
라운드를 돌 때 골프백을 운반하며 경기자의 플레이를 보조하는 사람.

캐리 오버 (Carry over)
경기가 규정된 홀수에서 승부가 나지 않아 다시 하는 것.

캐리 (Carry)
공이 떠서 날아가는 실제거리로 땅에 떨어져 굴러가는 거리를 제외한다.

캐리더 오너 (Carride honor)
한 홀에서 동점이 되었을 때 다음 홀에서도 이전 오너가 우선권을 가지고 있는 것.

캐주얼 워터 (Casual water)
코스 내에 일시적으로 고인 물이나 습지를 말한다. 벌타 없이 구제가 되어 드롭 할 수 있다. 워터해저드 안에 있는 것은 캐주얼 워터가 아니다.

커미티 (committee)
경기를 관리하고 주최하는 위원회를 말하며, 시합이 아닐 때에는 코스를 관리하는 위원회로 표현 할 수 있다.

컨시드 (Concede)
매치 플레이 시 상대방이 거리가 짧아 다음 스트로크를 홀에 넣을 수 있다고 생각되는 경우 그 스트로크를 면제해주는 것.

컷인 (Cut in)
코스의 순서를 무시하고 도중에서부터 플레이하는 것.

컷 오프 (Cut off)
4라운드 경기에서 2라운드를 마친 후 일정한 기준을 두어 일정 수준 이하의 선수들을 탈락시키는 것.

코스 매니지먼트 (course management)
홀 단위로 스코어향상을 위하여 공략 법을 사용하는 것.

코스 레이트 (Course rate)
기준이 되는 플레이어의 플레이를 기준으로 해서 그 코스의 여러 가지 조건을 고려해서 정한 코스의 난이도.

코스 레코드 (Course record)
각 코스에서 공식적으로 인정한 최저 스코어의 기록.

코스 (Course)
골프 코스의 약자로 골프 플레이를 위해 만든 지역 전체. 코스에는 private course, public course, membership course, resort course, semipublic course 등이 있다.

콕 (Cock)
손목의 꺾임.

콤팩트 (Compact)
빈틈없이 완전한 스윙.

컨트롤 샷 (Control shot)
풀 샷이 아니라 의식적으로 톱을 작게 억제하여 조정하는 샷.

쿼터 스윙 (Quarter swing)
백스윙을 풀 스윙의 1/4정도로 하는 것.

퀄러파잉 스쿨 (Qualifying school)
미국 PGA와 LPGA의 대회에 출전자격을 얻기 위해서 벌이는 시합.

쿼트러플 보기 (Quadruple bogey)
파 5홀에서 9타의 성적을 냈을 때 부르는 말.

퀴팅 (Quitting)
샷을 하면서 확신을 가지지 못하고 공을 치는 것.

크로스 벙커 (Cross bunker)
페어웨이를 옆으로 비스듬하게 끊어 만든 벙커.

크로스 윈드 (Cross wind)
오른쪽에서 왼쪽으로, 혹은 왼쪽에서 오른쪽으로 부는 바람.

크로스 핸드 그립 (Cross hand grip)
오른손을 위로 왼손을 아래로 하여 쥐는 그립으로 일반적으로 퍼팅을 할 때 이 그립을 사용한다.

크리크 (Crick)
① 5번 우드의 속칭.

클럽 (Club)
공을 치기 위한 도구로 우드와 아이언으로 나눈다. 클럽의 개수는 퍼터까지 포함하여 14개로 한정되어 있다.

클럽 랭스 (Club length)
클럽 전체의 길이.

클럽 페이스 (Club face)
클럽 헤드에서 직접적으로 공을 치는 면.

클럽 하우스 (Club house)
골프장 d나에 있는 플레이어들의 휴게소.

클레임 (Claim)
경기자가 규칙을 위반하였거나 위반한 것으로 추정이 될 때 그 혐의에 대해서 항의하는 것.

클로즈드 스탠스 (Closed stance)
어드레스 시 오른발을 약간 뒤로 당겨 목표 방향보다 오른쪽으로 향하는 스탠스로 스윙을 하면 궤도가 인사이드 아웃이 되어 볼은 드로우 구질로 나간다.

클린 (Clean)
아이언으로 잔디나 흙을 치지 않고 공만을 쳐내는 것.

킥 (Kick)
공이 땅에 떨어졌을 때 튀는 것. 다른 말로 하면 바운드와 같은 말이다.

컨트리 클럽 (Country club)
지금은 차이가 별로 없지만 초창기엔 컨트리 클럽은 자본주가 중심이 되어 동호인을 모아 만든 골프 클럽이며, 골프 클럽은 동호인이 모여 클럽을 결성한 것으로 불렀다.

E

타켓 라인 (Target line)
목표로 향한 방향, 또는 골프채의 타면 방향.

탑 볼 (Top ball)
공의 윗부분을 가격하는 것.

탭 인 (Tap in)
홀로부터 불과 몇 인치밖에 떨어져 있지 않아 툭 건드려서 홀에 집어넣는 매우 짧은 거리의 퍼팅.

탭 (Tip)
샤프트에서 가장 얇은 부분으로 헤드에 끼워지는 부분.

턴 오버 (Turn over)
클럽을 쥔 양손을 왼쪽에서 오른쪽으로 돌릴 때 양손을 턴 오버했다고 한다.

턴 오브 더 레프트 (Turn of the left)
퍼팅한 볼이 홀에 가까이 가면서 심하게 좌측으로 꺾이는 것.

테이크 백 (Take back)
클럽을 치켜드는 것 즉, 백스윙과 같은 말이다.

테이크 어웨이 (Take away)
백스윙을 시작하는 처음 부분. 백스윙을 위해 스윙을 시작한지 약 60cm 정도까지를 말한다.

테이퍼 (Taper)
샤프트가 끝으로 갈수록 가늘게 만들어지는 것.

텍사스 웨지 (Texas wedge)
그린 밖에서 퍼터를 사용해서 어프로치를 하는 것.

템포 (Tempo)
스윙의 빠르기, 혹은 리듬.

템프러리 그린 (Temporary green)
겨울이나 초봄에 그린을 보호하거나 수리를 위해 임시로 사용하는 그린.

토너먼트 디렉터 (Tournament director)
시합에 대한 모든 일을 집행하는 사람. 시합의 총지휘자라고도 한다.

토크 (Torque)
클럽의 뒤틀림.

투 볼 포섬 (Two ball foursome)
2명이 한 조를 이루어 하나의 볼을 번갈아 가면서 치며 똑같은 다른 짝과 매치 플레이를 하는 것.

투어 프로 (tour pro)
tour professional의 약자로 full seed권을 갖고 사람이며 the pro, pro golfer라고도 한다. 만일 seed가 없으면 playing pro라고 하며 골프장에 소속되어 프로샵을 운영하고 있는 클럽 프로는 golf pro 혹을 a pro라고 부른다.

트랩 (Trap)
벙커와 같은 의미.

트러블 샷 (Trouble shot)
치기 어려운 상황에서 샷을 하는 경우.

티 그라운드 (Tee ground)
각 홀의 제 1구를 치기 위해 설치된 지역.

티 마크 (Tee mark)
티샷 지점을 표시해주는 표식.

티 샷 (Tee shot)
티잉 그라운드에서 제 1타를 치는 것.

ㅍ

파 브레이크 (Par break)
버디이상의 스코어를 내는 것.

파 (Par)
홀 별로 정해진 기준타수를 의미하며 거리와 난이도에 따라 3,4,5로 나누어진다.

파워 골퍼 (Power golf)
거리를 많이 내는 장타자들의 골프.

파이널 (Final)
경기의 결승전.

파인 퍼터 (Pine putter)
무게를 헤드의 양 사이드에 나누어 스위트 스포트의 에어리어를 크게 한 퍼터.

파트너 (Partner)
매치 플레이에서 자기편의 플레이어.

팔로스루 (Follow through)
스윙 시 클럽 헤드의 전 방향으로의 움직임이 비구선을 따라서 계속 스윙되는 것

팔로우 윈드 (Follw wind)
뒤에서 부는 순풍 바람, 뒷바람.

팜그립 (Palm grip)
손바닥으로 클럽을 쥐는 방법.

팟 벙커 (Pot bunker)
독처럼 생긴 벙커를 말하는 것으로, 작고 경

사가 급한 벙커.

패스 (Pass)
원활한 경기 진행을 위해 앞 팀이 뒤에 오는 팀을 통과시켜주는 것.

팻 (Fat)
공의 뒷부분의 땅을 치는 것.

퍼블릭 코스 (Public course)
회원제가 아닌 코스로 예약만 하면 칠 수 있는 코스로 우리나라는 보통 9홀짜리 코스를 이렇게 부르기도 한다.

퍼시먼 (Persimmon)
우드 클럽의 소재로 감나무를 사용한다.

퍼터 (Putter)
퍼트용의 아이언 클럽.

퍼트 아웃 (putt out)
홀 아웃과 같은 표현으로 퍼트로 끝나는 것.

퍼팅 라인 (Putting line)
그린 위의 공과 홀을 이은 선으로 퍼팅 시 공이 굴러가는 길.

펀치 (Punch shot)
손목을 잘 써서 치는 샷으로 스탠스에서 공 뒤를 낮게 치고 팔로 드로우를 없애 볼은 낮게 튀고 땅에 떨어진 다음에 바로 멎는다.

펄스트 컷 (First cut)
페어웨이 가장자리에서 러프에 이르기 전에 거칠게 다듬어 놓은 곳.

페그 티 (peg tee)
나무나 플라스틱으로 만든 티.

페널티 스트로크 (Penalty stroke)
규칙위반에 대하여 타수로써 벌을 주는 것.

페널티 (Penalty)
벌타 또는 벌칙.

페스트 그린 (Fast green)
공의 미끄러짐이 무척 빠른 그린.

페어웨이 우드 (Fairway wood)
드라이버를 제외한 모든 우드 클럽으로 페어웨이에서 제2타나 제3타 째 사용하는 클럽.

페어웨이 (Fairway)
티에서 그린에 이르는 잘 정비된 잔디로 원래 항로, 수로라는 뜻의 해운용어였는데 항해하는 배가 좌우에 무서운 암초를 피해 항로를 지나갈 때를 빗대어 페어웨이 양쪽에 연못 벙커 러프 등을 만들어 놓고 피해갈수 있는 정

해진 곳이 바로 잔디가 잘 다듬어진 페어웨이라는 것

페이드 (Fade)
볼이 똑바로 날아가다가 속도가 약해지면서 오른쪽으로 휘어지는 샷.

포 볼 (Four ball)
2인대 2인의 매치 플레이에서 4명이 볼을 쳐서 홀마다의 좋은 스코어로 승부를 정하는 것.

포섬 (Foursome)
2명이 다른 2명에 대항하여 양 사이드가 한 개의 공으로 플레이하는 방식의 경기.

포어 캐디 (Fore caddie)
타구 시 볼의 낙하지점이 보이지 않는 경우에 볼의 행방을 알기 위해 전방에 세우거나 또는 공을 잃어버리기 쉬운 곳에서 공의 행방을 확인시키도록 하는 캐디.

포워드 플래싱 (Forward pressing)
백스윙을 하기 전에 탄력을 얻기 위하여 하는 예비 동작.

포인트 터니 (Point tourney)
홀마다의 스코어 의해서 득점(득점경기, 파 1점, 버디 2점, 이글 3점 등)을 정하여 합계가 많은 점수 자가 승자가 되는 경기 방식.

포트 벙커 (Pot bunker)
둥근 모양의 깊은 벙커.

폴로 윈드 (Follow wind)
공이 날아가는 방향으로 부는 바람. 즉 뒤에서 불어오는 바람

푸시 (Push)
목표를 향해 공을 밀어 치는 것 즉 목표의 오른쪽으로 향해 곧바로 날아가는 샷.

풀 각도 (Pull angle)
클럽 페이스의 방향. 똑바로 클럽을 놓았을 때 페이스가 왼쪽을 향해 있으면 훅 페이스, 오른쪽을 향해 있으면 슬라이스 페이스, 똑바로 서 있으면 스퀘어 페이스라고 한다.

풀 세트 (Full set)
룰에서 허용되는 우드. 아이언, 퍼터를 포함하여 14개의 클럽.

풀 (Pull)
바깥쪽에서 안쪽으로 스윙을 하여 그 결과 공이 목표의 왼쪽으로 곧바로 날아가는 것.

풋워크 (Foot work)
스윙중의 양발과 양 무릎의 움직임.

풋 액션 (Foot action)
스윙을 행하기 위한 발의 움직임.

프라이드 에그 (Fried egg)
벙커의 공이 에그 프라이 모양으로 파 묻혀 있는 모습.

프라이빗 클럽 (Private club)
회원제 클럽.

프레셔 (Pressure)
중요한 승부 홀에서 정신적인 압박으로 긴장하는 것.

프로 숍 (Pro shop)
골프장에서 골프용품을 파는 상점을 말하나 원래는 이곳에서 골프장의 소속프로가 골프장의 운영을 하기도 했다.

프로비져날 볼 (Provisional ball)
잠정구라고하며 공을 잃어버릴 것 같거나 확실하지는 않을 때 시간을 절약하기 위해서 공을 찾아 나서기 전에 같은 지점에서 다른 공으로 한 번 더 플레이하는 것을 말하며, 첫 번째 공을 잃어 버렸을 경우에는 두 번째 공으로 플레이한다.

프로암 (Pro-Am)
프로선수와 아마추어 선수가 함께 팀을 이뤄 경쟁하는 것.

프로테스트 (Protest)
프로선수로서의 자격과 기량을 인정하기 위해서 시행하는 테스트.

프로 페셔날 (Professional)
골프를 직업으로 삼아 생계를 유지하는 사람.

프론트 나인 (Front nine)
골프라운드에서의 전반 나인 홀.

프론트 티 (Front tee)
백 티에 대해서 전방에 있는 티로써 보통 플레이어와 여성 경기를 행하는 티.

프리드롭 (Free drop)
벌타 없는 곳에서 자유롭게 드롭 하는 것.

프리펄드 라이 (Preferred lies)
축축한 곳에 공이 놓였을 때 좋은 곳으로 공을 옮길 수 있게 하는 임시규칙

플레그스틱 (Flag stick)
홀에 표시를 알리기 위해 만들어진 깃대.

플래인 (Plane)
스윙의 궤도.

플래트 (Plateau)
그린의 모양이 사발을 엎어놓은 것처럼 가운데가 불룩하게 솟아 있는 것.

플랙스 (Flex)
샤프트의 구부러지는 강도.

플랙티스 그린 (Practice green)
퍼팅 연습을 할 수 있는 연습그린.

플랫 스윙 (Flat swing)
수평에 가까운 스윙.

플랫 코스 (Flat couse)
전체적으로 평탄한 지형의 골프장.

플랫 (Flat)
클럽의 샤프트와 지면이 이루는 각이 적은 것.

플러스 플레이어 (Plus player)
핸디캡이 0보다 위인 플레이어 즉 플러스 1이나, 플러스 2의 플레이어.

플러그드 라이 (Plugged lie)
공이 잔디에 반쯤 묻혀 버렸을 때의 상태.

플럽 (Flub)
짧은 거리의 공을 치는 것.

플레이스 (Place)
룰에 따라 주어올린 공을 다른 정해진 지점에 올려놓는 것.

플레이 스루 (Play though)
룰 위반으로 타수에서 벌 타를 주는 것.

플레이오프 (Play off)
재 시합. 연장전의 의미로서 성적이 동점이 되었을 때 두 명 이상의 선수가 연장전 경기를 하는 것.

플룩 (Fluke)
우연히 맞는 것, 예기치 않았던 행운의 샷 등.

피니쉬 (Finish)
스윙의 마지막 단계 또는 경기에서 최후의 홀을 끝내는 것.

피봇 (Pivot)
스윙을 하는 동안의 허리의 회전 및 허리를 비트는 것.

피지에이 (PGA) (Professional Golfers' Association)
프로 골프 협회.

피치 샷 (Pitch shot)
타면의 각도가 큰 아이언으로 공을 높이 띄워서 핀에 접근하는 샷으로 굴러가는 것을 방지한다.

피치 (Pitch)
그린 근처에서 또는 그린으로부터 얼마 떨어져 있지 않은 지점으로부터 볼을 공중에 띄워 그린으로 쳐 보내는 것.

피칭 아이언 (Pitching iron)
8번 아이언의 옛 명칭, niblick이라고도 한다.

피칭 웨지 (Pitching wedge)
피치 샷용으로 만들어진 웨지로 로프트가 크며 어프로치에 유용한 클럽이다.

피콜로 그립 (Picolo grip)
특히 백스윙의 톱에서 매우 느슨하게 클럽을 잡는 것.

피키 앤 런 (Pitch and run)
어프로치의 한 방법으로 날아가서 구르는 형태의 샷.

ㅎ

하바드 매치 (Harvard match)
승부가 나지 않고 무승부로 된 경기.

하우스 캐디 (House caddie)
클럽에 있는 정식 캐디.

하이 피니쉬 (High finish)
피니쉬를 어깨보다 더 머리 위에 가져가는 것.

하프 라운드 (Half round)
9홀 플레이하는 것.

하프 샷 (Half shot)
풀 스윙의 반 정도의 힘으로 반 정도의 스윙 크기로 치는 샷.

하프 (Half)
스코어가 동타 로 되는 것, 즉 홀이 동수의 스트로크, 핸디캡에 의해 양자가 동점이 되는 것.

해저드 (Hazard)
벙커나 바다, 연못, 개울 등 워터 해저드를 포함한 장애물을 말하며, 어드레스 시 클럽을 지면에 대서는 안 된다.

핵커 (Hacker)
잘못하는 선수를 일컫는 말.

핸드다운 (Hand down)
어드레스를 할 때에 두 손으로 누르는 듯한 자세.

핸드 매시 (Hand mashie)
스윙으로가 아닌 손으로 쳐내는 속임수. 플레이어가 상대방의 눈에 띄지 않게 볼을 집어 들어 스윙을 하는 것처럼 손에 쥔 볼을 밖으로 밀어 올리는 속임수. 이 경우에는 2벌타의 페널티가 부과된다.

핸드 업 (Hand up)
어드레스에서 손목을 꺾지 않고 위로 올려 백스윙을 하는 것.

핸드 퍼스트 (Hand first)
어드레스 시 볼보다 그립을 왼쪽으로 내보내는 것.

핸디캡 (Handicap)
실력의 균형이 맞도록 하기 위해 정하는 그 사람의 골프 실력을 나타내며 이는 코스의 기준 타수와의 평균 차를 말하는 것으로, 핸디캡이 18인 사람은 par 72코스에서 90타이다.

헤드 스틸 (Head still)
스윙을 할 때 머리의 위치를 움직이지 않는 것.

헤드 윈드 (Head Wind)
플레이하는 방향에서 부는 앞바람.

헤드 커버 (Head cover)
클럽 헤드를 보호하는 목적으로 헤드를 씌운다.

헤드업 (Head up)
공을 칠 때에 머리가 빨리 들리는 것.

홀 (Hole)
그린 위에 만들어진 공을 넣기 위한 구멍을 말하며, 직경이 10.8Cm, 깊이는 10Cm이상 이어야한다.

호젤 (Hosel)
헤드와 샤프트를 잇는 부분. 흔히 소켓이나 넥으로도 불린다.

홀 매치 (Hole match)
각 홀마다 승부를 정하는 경기로, 공식적으로는 매치 플레이라고 부른다.

홀 아웃 (Hole out)
홀에 공을 넣는 것으로 한 홀의 플레이가 끝나는 것.

홀인원 (Hole in one)
티 그라운드에서 티샷한 공이 제 1타만에 그대로 홀에 들어가는 것.

홈 그린 (Home green)
18번 홀의 그린.

홀 (Hole)
그린 위에 만들어진 공을 넣기 위한 구멍을 말하며, 직경이 10.8cm, 깊이는 10cm이상 이어야한다.

훅 볼 (Hook ball)
좌측 방향으로 심하게 휘는 구질의 볼.

훅 스핀 (Hook spin)
스핀이 왼쪽으로 가로회전이 걸리는 것.

훅 (Hook)
공이 오른쪽에서 왼쪽으로 심하게 휘어 날아가는 것.

히팅 에어리어 (Hitting area)
볼을 치는 범위로 히팅 존 이라고도 한다.

힐 다운 (Heel down)
발뒤꿈치를 땅에 붙이는 것으로 힐 다운부터 다운스윙은 시작한다.

힐 (Heel)
클럽헤드에서 샤프트에 가장 가까운 곳.

모델협조
(가나다순)

- 구 본 우
  KPGA 회원
  용인대학교 골프학과 재학 중

- 김 민 선
  KLPGA 정회원
  용인대학교 체육학과 박사과정
  KLPGA 투어 다수 입상

- 김 성 호
  KPGA 정회원
  용인대학교 골프학과 졸업
  챌린지 대회 4위

- 김 아 림
  KLPGA 정회원
  용인대학교 골프학과 재학 중
  KLPGA 투어 다수 우승

- 김 우 찬
  KPGA 정회원
  용인대학교 체육학 박사
  KPGA 투어 다수 우승

- 김 지 영
  KLPGA 정회원
  용인대학교 골프학과 재학 중
  KLPGA 투어 다수 우승

- 김 필 중
  건국대 객원교수
  체육학 박사
  골프심리 회사 대표

- 안 선 주
  KLPGA, JLPGA 정회원
  KLPGA 투어 다수 우승
  JLPGA 투어 다수 우승 및 상금왕

- 이 동 환
  KPGA, PGA 정회원
  고려대학교 졸업
  JGTO 투어 다수 우승

- 이 주 현
  KPGA 준회원
  용인대학교 골프학과 졸업

- 이 효 진
  국가대표 상비군(준회원)
  용인대학교 골프학과 졸업
  용인대학교 체육학과 박사과정

- 임 지 나
  KLPGA 정회원
  용인대학교 골프학과 졸업
  KLPGA 투어 다수 우승

- 정 도 용
  KPGA 정회원
  KPGA 2부 투어 다수 입상

- 한 성 희
  KLPGA 준회원
  용인대학교 골프학과 졸업
  용인대 총장배 골프대회 2위

- 황 아 름
  JLPGA 정회원
  용인대학교 골프학과 졸업
  JLPGA 투어 다수 우승